★書物の敵　ウィリアム・ブレイズ

THE ENEMIES OF BOOKS

BY WILLIAM BLADES

書物の敵

ウィリアム・ブレイズ

高宮利行

［監修］

高橋　勇

［訳］

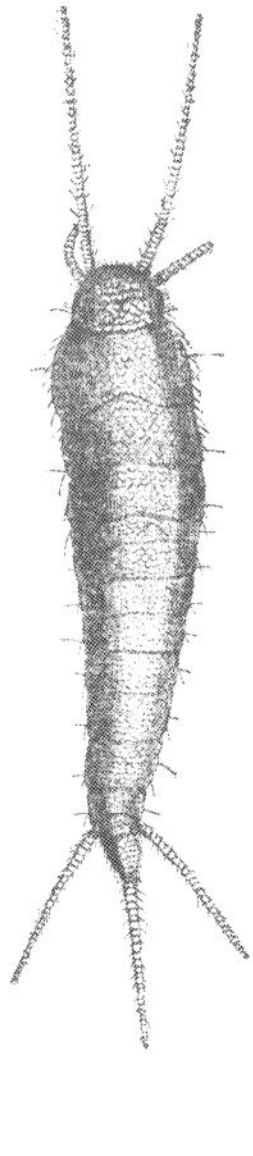

八坂書房

THE ENEMIES OF BOOKS
BY WILLIAM BLADES
LONDON : ELLIOT STOCK
1896

目次

★書物の敵

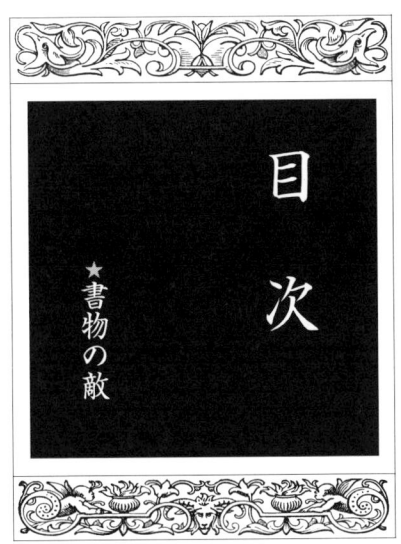

訳者まえがき

単なる「読書好き」の枠をこえて、書物の外形そのものまでを愛する人々が世の中には存在する。この書物愛――ビブリオフィリア――が昂ずると、書誌学と呼ばれる、書物の成り立ち自体を研究する学問が生まれる。本書の著者ウィリアム・ブレイズ（一八二四～九〇）は、ヴィクトリア朝イギリスのそうした書誌学者のひとり、しかも偉大なひとりであった。印刷工として出発した彼は、みずからの経験を活かして初期印刷本（およそ一五〇〇年までに印刷された書物）の研究に力をそそぎ、英国初の活版印刷業者ウィリアム・キャクストンの伝記・書誌を作成して、その研究史に不朽の足跡をのこした。

そのブレイズが、愛する書物を破壊しさる敵について様々なエピソードを集め、自身の経験も交えながらまとめ上げたのが本書『書物の敵』である。決して堅くるしい「研究書」ではないけれども、その軽妙な語り口の向こう側には、「物体」としての書物なくして知識・文化の継承はないのだ、という彼の信念がつねに見え隠れし、出版から一世紀以上を経た現在もなお、読者に襟を正させるような迫力がある。

本書は一八七九年に『プリンターズ・レジスター』誌に数回にわたって連載されたものに加筆して、翌年トリュブナー社から出版された。この洒脱な一般向け読み物は好評をもって迎えられ、その年のうちに早くも上梓された第二版をはじめ、数度の版を重ねた。しかし内容面での変更という点で重要なのは、一八八八年の改訂増補新版（エリオット・ストック社）である。これはブレイズの生前最後の版で、初版出版以降、友人や読者から寄せられた情報などをもとに、著者みずから大幅に書きあらためたものだ。翻訳にあたっては、ブレイズの死後この改訂版をほぼそのまま再録したストック社の一八九六年版を底本にしつつ、適宜改訂版を参照した。

こうした事情のため、この版（および拙訳）では断りなく初版へ言及されることがままあり、そこを読んだだけでは意味が取りづらい部分もところどころに見られる。自身の作品に対するブレイズの真摯な姿勢と、十九世紀末葉のイギリスにおける著者と読者の交流のようすを伝えるよすがとして、諒としていただければ幸いである。

訳出の過程でお世話になった方々については、訳註内で特記して謝辞に代えさせていただいた。ここではブレイズ作品の翻訳を勧めてくださった慶應義塾大学の髙宮利行先生と、調査にご協力いただいたロンドンのセント・ブライド印刷図書館長ナイジェル・ローチ氏、そして編集の労をとってくださった八坂書房の三宅郁子氏に厚く御礼申し上げたい。

書物の敵

ウィリアム・ブレイズ

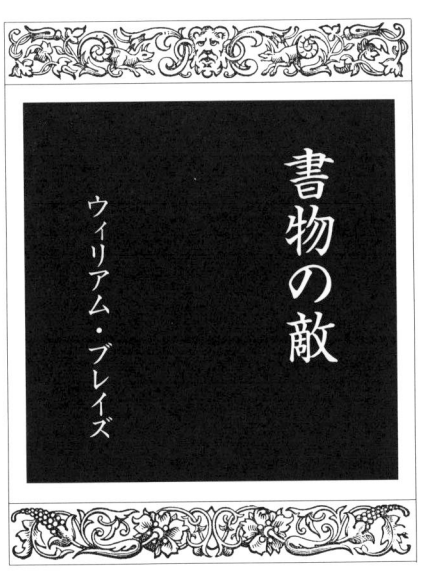

第一章

火の暴威

自然の力のうちには書物に害をなすものが数多くある。しかしそのどれ一つをとってみても、「火」の破壊の力にはまるで及ばない。かつて何らかの形で炎の王に召し上げられた様々な蔵書や貴重書の数たるや、ただ書き出すだけでも面倒な作業となるだろう。偶発的な火災、狂信者による放火、法の名のもとの焚書、果ては家庭用のコンロなどが、過ぎ去った時代の至宝とがらくたの双方を幾度にもわたって減らしてきた。今となっては、かつて存在したであろう書物のおそらく千分の一程度が残っているにすぎまい。とはいえ、こういった破壊がなべて損失であったとまではいえない。もしこの「浄化の炎」がごみの山々をわれわれの元から消し去っていなければ、それだけの冊数を収める場所が端的に足りない以上、とてつもなく暴力的な方策が結局のところ必要となっていたに違いないからである。

印刷術が発明される以前には、書物の数は比較的少なかった。蒸気印刷機★が稼動しはじめて五十年が過ぎている今ですら、五十万冊の蔵書を築き上げるのがどんなに困難であるかを知っている私たちとしては、昔の著述家たちがいかに古代の図書館の驚異的な規模について力説しようと、眉につばを塗って聞かざるをえない。

歴史家のギボン★は多くの事柄について懐疑的であったけれども、この件に関しては何らの疑問もさしはさまずにおとぎ話を受け入れている。確かにプトレマイオス朝エジプトが何世代にもわたって蒐集した写本は、長い年月のうちにそれまでにないほどの巨大な蔵書となり、その装飾の豪華さや語られることのついになかった内容の重要さによって世界に名をとどろかせた。そ

★蒸気印刷機　一八一二年、ドイツ人フリードリヒ・ケーニヒ（一七七四～一八三三）とフリードリヒ・バウアー（一七八三～一八六〇）が蒸気機関を利用したシリンダー式印刷機を考案、これを英国タイムズ社が一八一四年に導入し、高速大量印刷時代の幕を開けた。現在も使用される輪転式印刷機が考案されたのは一八四六年のことである。ケーニヒ・アンド・バウアー社は今でも印刷機を製造・販売している。

★エドワード・ギボン（一七三七～九四）　英国の歴史家。啓蒙主義史学の白眉ともいえるその『ローマ帝国衰亡史』（一七七六～八八）は、十八世紀英文学の傑作としても名高い。

ういった図書館のうち二つがアレクサンドリアに存在し、規模の大きい方はその中のブルキウムと呼ばれる地域にあったという。これらの本は当時のすべての写本と同じく羊皮紙に書かれており、両端に巻き軸を取りつけることで読み手は自分が読みたい部分だけを広げられるようになっていた。だが紀元前四八年、シーザー（カエサル）がアレクサンドリアを攻略した際にこの蔵書の多くは焼きつくされ、また紀元六四〇年にはイスラム教徒の手によって再び火中に投じられることになる。これは人類にとって途方もない損失であったが、この時になんと七十万冊の本が消滅したのだと聞かされてみると――いやそれがたとえ五十万冊であったといわれても――我々は反射的にそれは誇張のしすぎだろうと思ってしまう。同様に、何世紀か後のカルタゴでも五十万冊の本が焼かれたなどの話を読んでも、にわかには信じがたいものである。

大規模な本の破壊についての最初期の文献の一つに、聖ルカによる記述がある。聖パウロがエフェソスで説教を終えたとき、「魔術を行なっていた多くの者も、その書物を持ってきて、皆の前で焼き捨てた。その値段を見積も

エフェソスでの魔術書の焼却
（使徒言行録19章19節）
〔1880年版より〕

ってみると、銀貨五万枚にもなった」（使徒言行録十九章十九節）。疑いなくこれらは偶像崇拝にもとづいた占術や錬金術、魔術や呪術といった類の本であって、それによって霊的に害を受けてきた人々、あるいはこれから害を受けるかもしれない人々の、正当な権利によって消滅させられたわけだ。★それに、この時代の写本が一冊も残存していないことを考えると、たとえこの時に炎を免れたとしても、これらの書物がいずれにせよ現在まで伝えられてはこなかっただろうことも、また疑いがない。それにも関わらず、私としては五〇、〇〇〇デナリもの――あるいは現代の通貨では大雑把にいって一八、七五〇ポンドもの――価値の本が火にくべられたと想像すると、多少の動揺と不快感があることを告白せざるをえない。＊古代異教について、悪魔崇拝について、蛇神崇拝について、太陽崇拝について、その他さまざまな宗教形態について、あるいはエジプト人、ペルシア人、ギリシア人から学んだ占星術や薬学について、どんなに興味深い事例がこの数多くの書物に記されていたことだろう。迷信にもとづいた決まりの数々、今では「民間伝承」と呼ばれるものの幾多の見本、そしてまた言語学を学ぶものにとっての豊かな資源が、

★**正当な権利**　ブレイズが十九世紀英国のキリスト教徒であったことをご想起いただきたい。

＊（原註）一般的な説に従えば、この「銀貨」というのはローマのデナリであるという。これはエフェソスで広く用いられた銀貨である。一デナリを現在の銀貨に置きかえるとちょうど九ペンスであるから、五〇、〇〇〇デナリは一、八七五ポンドということになる。異なる時代の通貨を比較して正確にその価値を見積もるのはつねに至難のわざだが、当時の貨幣は現在の十倍程度の物品購入力があったと考えると、火に投じられた魔術書の価値はおそらく一八、七五〇ポンドであったとの結論に達する。

そこには隠されていたに違いない。このうちのほんの僅かでも所蔵する図書館があったなら、いかにその名を高からしめていることだろうか。

廃墟の規模からいって、エフェソスが巨大な街で、立派な建物が立ち並んでいたことに疑いはない。ここは独立した自由都市であった。聖遺物容器や偶像の取引がとても盛んで、あらゆる土地に広まっていた。この都市では魔術にかかわる技芸が極めて流行しており、初期のキリスト教徒が数多くの改宗者を作り出したにも関わらず、呪文が書かれた小さな「エフェソスの文《ふみ》」は紀元四世紀に至るまで商取引の重要な一部でありつづけた。この「文」は、「邪眼」やその他すべての邪悪に対するお守りとして占術で使用されていたものである。これは普段身につけていたものであるから、聖パウロの輝かしい言葉によって聴衆がみずからの迷信に気づいた時には、何千というお守りが火に投じられたことだろう。

想像してみよう。月の女神ディアナの荘厳な神殿のそばにある広場、群集よりも少し高いところに使徒パウロが立ち、迷信について信念に満ちた熱弁を振るって、集まった人々すべてをとりこにしている。群衆を取り囲むように篝火《かがり》が燃やされ、ユダヤ人やその他のキリスト教徒たちが巻物の束を次々に火に投げ込んでいるかたわらで、大祭司が一人、警邏《ら》の者たちとともに古今東西の警察官に共通の無感動をもってそれを眺めている。それは実に印象深い場面であったに違いない。これよりもつまらない題材がいくらでも王立美術協会の展示物に選ばれてきている。

正統の教えであれ異端のものであれ、こうした古代の書物は常にその存在を脅かされていた。宗教的迫害の嵐が新たに巻き起こるたびに、異教徒たちはキリスト教の文書を手当たりしだい焼きつくしたし、キリスト教徒のほうでも自分たちが優勢になりさえすれば、非常な関心をもって異教の文物に対して仕返しをしてきた。書物を滅ぼすにあたってイスラム教徒たちは「書物の内容が『コーラン』に書かれていることであるならそれは不要であるし、『コーラン』の教えに背くものであればそれは不道徳である」との理由を挙げたものだが、これは適宜変更を加えるだけで、同じような書物の破壊者たちに一般的にあてはまる規則のようである。

印刷術の発明によって、ある一人の著述家のすべての作品を完全にこの世から消し去るようなことははるかに難しくなった。それだけ迅速に広範囲にわたって書物が流通するようになったからだ。しかし書物の数が増えてゆく一方で、書物の破壊もその生産と常に歩調を合わせてゆき、間もなく印刷本の数々もまた、かつては写本が被害をこうむるのみであった火刑の憂き目にあうこととなった。

一五六九年のクレモナでは、その言葉づかいが異端であるというだけの理由で、一万二千冊のヘブライ語の書物が公衆の面前で燃やされた。またグラナダ占領にあたって、ヒメネス枢機卿★は五千冊の『コーラン』を同様に取りあつかっている。

イギリスの宗教改革の時分にも、大量の書物が破壊された。好古家のベイル★は一五八七年に、各地の修道院の書庫がいかにひどい運命に見舞われているかについてこう書いている。★

> これら迷妄の館（修道院）を買い取った人々の多くは、その蔵書をあるいは便所の用に供するため、あるいは燭台を磨くため、あるいは靴磨

★フランシスコ・ヒメネス（一四三六～一五一七）　カスティリャ生まれのフランチェスコ会士。トレド大司教を務め、慈善家・知識の保護者として中世キリスト教世界では名高い。グラナダ占領（一四九二年）後の一四九九年に当地を訪れ、イスラム教徒の改宗に尽力した。

★ジョン・ベイル（一四九五～一五六三）　英国の好古家・劇作家・聖職者。宗教改革の支持者で、自作品でみずからの教説を強く主張した。彼の『文学例解』（一五四八）は英文学に関する最初の書誌のひとつである。

★ベイルの記述　ここに引用されているのは、彼がジョン・リーランド（一五〇六頃～五二、七二ページ訳註参照）の原稿のごく一部を編集出版した『イングランドの古物を求めての難多き旅』に「読者への序文」として附した文章だが、この書の出版年は一五四九年である。一五八七年に出版されたベイルまたはリー

きのために、自らのもとに取っておいた。ある者はそれを雑貨屋やスープ売りに譲り渡し、ある者は海を越えて製本屋のもとに書物を送り届けた。それも少数ではなく、時には貨物船一杯に積み込んで諸外国を驚かせたものだ。この憎むべき事実に関しては、わが国の大学も全く潔白であるとはいえない。しかしながら呪わるるべきは、こうした不浄の利益によって肥え太り、その母国を深く辱めた者どもである。私の知るある商人などは、当時まだ無名であったが、二つの立派な蔵書をわずか四十シリングの値で買い取った。口にするのも恥ずべきことである。彼はこれをこの十年というもの包装用紙の代わりに使用してきたが、まだあと十年はもつだけの量を手元に置いている。これは自らの祖国をしかるべく愛する者ならば心から忌避すべき、特にひどい例である。修道士は書物を埃に埋もれたままにしていたし、頭の回らぬ聖職者は気にも留めなかった。しかし後世の所有者はこれを極めて不届きに取り扱い、貪欲な商人たちは金のために外国に売りはらったのである。

ランドの著作は現在のところ発見できておらず、おそらくブレイズの勘違いであろうと思われる。

キャクストン本を焚きつけに使う召使
〔1888年版より〕

★ウィリアム・キャクストン　（一四二二頃〜九一）　英国の毛織物商人。のちにイングランド初の活版印刷業者となり、多数の書物を出版した。

★『変身譚』　オウィディウス（前四三〜後一七）はローマの詩人。『変身譚』（後一〜八）はその代表作で、古典神話などをもとに変身・変形にまつわるさまざまな物語をうたっている。キャクストンは一四八〇年頃この作品の仏語訳からの英訳を手がけたが、現存するのはケンブリッジ大学モードリン学寮所蔵の写本（キャクストンの直筆ではないかと言われている）のみである。

もう断片すら現存していないような書物の数々――キャクストン★の翻訳になるオウィディウスの『変身譚★』や、キャクストン版『オックスフォード伯の生涯★』、その他の初期印刷本――がパイを焼くために利用されたかもしれないという考えは、我々の想像力をひるませるのに十分だ。

一六六六年のロンドン大火災によって焼かれた書物も膨大な数にのぼる。数多くの個人、団体、教会の貴重な蔵書が灰燼に帰しただけではなく、書籍商たちによってパタノスター通りから聖ポール大聖堂に避難させられた書物の在庫すら、大聖堂の地下室で灰となった。

われわれの時代に近いところでは、コットン蔵書★がなんとか保護されたことに心から感謝せねばなるまい。一七三一年、コットン写本群が寄託されていたウェストミンスターのアシュバーナム館で火災との報に、文学界の受けた衝撃といったらなかった。甚大な労力の末に鎮火されはしたものの、多くの写本が失われたり損なわれてしまったのである。ほとんど判別がつかぬまでに焦げてしまった本を一部なりとも修復するため、多くの技術が投入された。一葉一葉を丁寧にはがし、化学薬品に浸し、それから透き通った紙にはは

★『オックスフォード伯の生涯』　キャクストンが『アイモンの四人の息子』のまえがきの中で、以前に印刷したとして挙げている書だが現存していない。第十三代オックスフォード伯ジョン・ド・ヴィアの依頼によるもので、第三代ロバートの事跡を扱っていたのではないかと思われる。

★コットン蔵書　英国の好古家ロバート・ブルース・コットン卿（一五七一～一六三一）が蒐集した蔵書。曾孫のジョン卿によって一七〇〇年に国家に寄贈され、一七二九年からロンドンはウェストミンスターのアシュバーナム館に保管されていたが、本文中にあるように、一七三一年には火事に見舞われておよそ四分の一が焼失したか、あるいは損傷を受けた。一七五三年以降は大英博物館（図書館）の管理下におかれており、大英図書館の写本コレクションの主要な基盤となっている。

さんで平らに押さえつけていくのだ。処理を受ける前の、焼け焦げて巨大な蜂の巣のように見える書物のかたまりが、現在大英博物館写本室のガラスケースの中に展示されており、他の多くの本がどのような状態となったのかうかがわせてくれる。

ちょうど百年前には、バーミンガム暴動でプリーストリー博士★の貴重な図書室が、ゴードン暴動でマンスフィールド卿★の文学その他に関わる蔵書が、それぞれ焼かれた。マンスフィールド卿は、英国の土を踏んだ奴隷はその瞬間から自由民となる、との勇気ある判決を最初に下した高名な裁判官である。彼の蔵書が失われた時、詩人のクーパー★は二篇のあまりうまくない短詩をものした。クーパーはまず初めに貴重な印刷本が失われたことを悼んだあと、マンスフィールド卿個人の膨大な手稿や同時代の文書の焼失が、歴史にとっていかに取り返しのつかない損失であったかを嘆いてみせる。

切られ焼かれて割かれたページは
卿おひとりが悼めば済もう。

★ジョウゼフ・プリーストリー（一七三三〜一八〇四）　英国の化学者・神学者。現在は酸素の発見で有名。革命思想家およびユニテリアン派の教師としても知られていた彼のバーミンガムにあった邸宅は、一七九一年に民衆によって焼き討ちされた。

★マンスフィールド卿　マンスフィールド伯爵ジョン・マリー（一七〇五〜九三）。高名な法律家で、英国王座裁判所の首席裁判官などを務めた。ゴードン暴動は、ローマ・カトリック救済法への反対を直接の契機として一七八〇年六月ロンドンで勃発したものだが、首席裁判官として民衆から不人気であったマンスフィールド卿の邸宅も焼き討ちにあった。

★ウィリアム・クーパー（一七三一〜一八〇〇）　英国の詩人。彼の自伝的長編詩『課題』はロマン派の詩人ワーズワースやコールリッジにも大きな影響を与えた。宗教的には十八世紀に勃興した福音主義を奉じ、『オルニー聖歌集』を著した。

来たる世代の嘆きを誘うは、
　火中に失せたるその御作。

二つ目の詩は以下のようなまずい始まりかたをしている。

機知と才気が業火の中で
おのが最期に遭いしとき
われらに語るはローマの悲運
同じ運命《さだめ》を怖れよと。★

プリーストリー博士の蔵書はより素晴らしく規模も大きかったのだが、この正統派国教会信徒の詩人には気にしても嘆いてももらえなかった。異端の本が焼けたことに彼が大きな満足を覚えたというのもありそうなことだ。プリーストリー博士はユニテリアン派の牧師だったのだから。
ストラスブールの壮大な図書館がドイツ軍の砲撃によって焼きつくされた

★クーパーの詩　ブレイズが引用しているのは、一七八二年の『詩集』にある「マンスフィールド卿蔵書および手稿群が一七八〇年六月に暴徒によりて焼かれたるに寄す」と題された短詩二篇である。

のは一八七〇年のことである。このとき、最初期の印刷業者グーテンベルクとその共同経営者★との間に起きた有名な訴訟に関する記録が、他のここにしかなかった文書とともに永久に失われた。グーテンベルクが果たして印刷術を発明したのか否かの裁定が、この記録の正確な理解にかかっていたというのにである。高いレンガの壁の中で炎は燃え上がり、その音は溶鉱炉の騒音よりもすごかったという。軍神マルスも冥王プルートーも、みずからの神殿でここまで趣味のよい捧げものを受けたことはそうはなかったろう。戦の喧騒と砲撃の響きのさなか、グーテンベルク聖書や、その他の値もつけられないような書物のページが燃えながら宙を舞い、その灰は熱気をくぐって何マイルにもわたって漂っていった。そして首都陥落の第一報を、周章狼狽する国民に伝えたのだった。

ウェリントン通りの著名な競売業者サザビー・アンド・ウィルキンソンがオファー・コレクション★を競売にかけた際のことだ。売買も三日目が終わったという時に、隣接する建物から出た火が競売場に至り、展示されていたバニヤン★の現存する唯一の版とその他多くの稀覯書をあっという間に焼きつく

★共同経営者　ヨハン・フスト（一四〇〇頃～六六）のこと。グーテンベルクに出資して共同で印刷業をはじめるが、のちに負債の代償として印刷機械一式を接収し、グーテンベルクの弟子ペーター・シェファー（一四二五？～一五〇二）とともに新たな印刷所を設立した。一〇四ページ訳註参照。

★オファー・コレクション　十九世紀以降ながらく定本であった『ジョン・バニヤン作品集』を編纂したジョージ・オファー（一七八七～一八六四）の蒐集になるコレクションで、現在はバニヤンの故郷ベッドフォードの中央図書館に収蔵されている。

★ジョン・バニヤン（一六二八～八八）英国の作家・伝道者。熱心な清教徒で、代表作『天路歴程』（一六七八・一六八四）は聖書について長くキリスト教文学のベストセラーであった。

した。私は翌日この廃墟を見学する許しを得て、梯子を使ったり手と足でよじ登ったりしながら、まだ床の一部が残っていた競売場に入ってみた。それは恐ろしい眺めであった。焼け焦げた書物がまだ列をなして棚の上に乗っているのだが、興味深かったのははっきりと分かる火の回り方である。火はまず本の背を焼いてから書棚の後ろを這《は》い上がり、そこに並べてある本の前小口に攻撃を仕掛けたようだ。その結果、書物の多くが卵形の綺麗な紙のかたまりとして残され、周りの部分だけが真っ黒な灰の山になっていた。何とか救出された部分は一からげに安値で売られ、買い手は整理・修理・製本に多大な労力をかけたあと、この翌年、一千冊を競売業者パティック・アンド・シンプソンのもとで売りに出した。

同様に、現在はオランダ人教会であるロンドンの聖アウグスチノ隠修士教会が一八六二年に火災に遭ったとき、その歩廊にあった珍しい蔵書もまた壊滅的な打撃を受け、わずかに残された書物もひどく損傷した。私が十五世紀英国の本を求めてこの教会で数時間を過ごしたのは、これよりそう前のことではない。退出した時に自分がどんなに泥だらけであったか、私は一生忘れないだろう。面倒を見るものが誰もいないために、本は何十年ものあいだ放置され、表面には湿った泥がべっとりと、半インチもの厚さにこびりついていたのだ！　そして火災が起き、屋根が赤々と燃え上がるその下で、熱湯があたかも沸き立つ洪水のように書物の上に注ぎかけられた。書物が泥まみれでぐちゃぐちゃの塊にならなかったこと自体が驚きである。すべてが終わったあと、蔵書のすべてが（法的には誰かに譲り渡してはならないものだったので）ロンドン市に「永久に貸与」されることになり、焼かれた上にびしょぬれになってしまった残りの書物は、市の疲れ知らずの司書オーヴァロール氏★の手に渡った。彼はとある屋根裏部屋を借りて、自らの重みに耐えられる限りの本をまるで衣服のように紐にかけて乾かした。彼はここで、しばしば表紙を失ったり一ページのみになってしまっているような、染みがついて変形した書物を慎重に介抱しそのお守りをした。洗浄され大きさを揃えられ平らに伸ばして製本された結果はといえば、ただただ驚きというほかはない。ギルドホール図書館の「ロンドン・ベルギー教会蔵書」との札がかけられた素敵な小部屋を訪れて、見栄えよく金文字の押された背表紙の列を目にして

★ウィリアム・ヘンリー・オーヴァロール（一八二九～八八）　英国ロンドン市にて、一八六五年よりギルドホール図書館長を務めた。ロンドン史の権威として名高く、一八六八年にはロンドン好古家協会員となる。

みれば、このロンドン市のもっとも珍しいコレクションが、ほんの少し前には全体を買い取るのに五ポンドを払うのすらもったいないと思えるような状態であったなど、今となっては誰一人として想像もできないに違いない。

第二章

水の脅威

書物にとってもっとも恐るべき敵として、「火」の次に数えられるのは（液体、気体いずれの形であれ）「水」である。何千という書物が実際に海の藻屑と消え、それを預かっていたはずの船員たちと同様、二度と消息が聞かれることはなかった。ディズレイリ★が語るところによると、一七〇〇年ごろにフッデ卿というミドルバラ★の裕福な市長がおり、三十年ものあいだ中国人官僚に姿を変えて中華帝国全土を旅してまわっていたという。行く先々で彼

★アイザック・ディズレイリ（一七七六〜一八四八）　英国の文人で、英国首相ベンジャミン・ディズレイリ（一八〇四〜八一）の父。文学や歴史の逸話をあつめた書物を書いた。

★ミドルバラ　米国マサチューセッツ州にある、かつてのオランダ人入植地。

は書物を手に入れ、最終的にその莫大な文学的財産はヨーロッパへ向かう船によって無事運び出された。ところが船が嵐によって沈んでしまったために、彼の祖国にとっては痛ましい損失ながら、その書物が目的地にたどり着くことはついになかった。

一七八五年、世界に名高い蔵書の持ち主、かのマッフェイ・ピネッリ★が死んだ。この蔵書はピネッリ一族によって何世代にもわたり蒐集されてきたもので、ただならぬ数のギリシア語、ラテン語、イタリア語の作品を含んでいた。その多くは初版本、しかも美しい装飾が施された印刷本だったが、十一世紀から十六世紀にかけての写本もまた数多く集められていた。この蔵書はすべてペルメル通りの書籍商エドワーズ氏★に代理人を通して売られ、ヴェネツィアからロンドンへ向かう三隻の貨物船に積み込まれることとなった。途中、海賊に追われて、うち一隻が拿《だ》捕されてしまうのだが、財宝が見つからないことに苛立った海賊どもは、なんとすべての書物を海に投げ込んだのだった。残る二隻の船は逃げおおせ、積荷を無事ロンドンに届けることができた。こうして危うく難を逃れた蔵書は、一七八九年から一七九〇年にかけて

★マッフェイ・ピネッリ　ヴェニスの著名な書物蒐集家で、彼の蔵書はここにあるように十八世紀に英国の書籍商ジェイムズ・エドワーズに六、〇〇〇ポンドで売却された。しかし海賊船に襲われたのはこれより一世紀以上前、一六〇一年にパドヴァで死去したジャン・フランチェスチ・ピネッリの蔵書である。彼の後継者はみなナポリに居住していたため、三隻の船によって出荷されたのだが、途中で一隻がトルコの海賊船に拿捕され、書物を梱包した箱をふくむ三十三箱が海に投じられたという（うち二十二箱は回収された）。この蔵書は一六〇九年にミラノのフェデリーコ・ボッローモ枢機卿に買い取られ、現在も多くが当地にある。ブレイズはこの二つのピネッリ蔵書を混同しているようだ。

★ジェイムズ・エドワーズ　→三六ページ

書物を海へ投げ捨てる海賊
〔1888年版より〕

コンデュイット通りの大広間で売りに出され、九千ポンド以上の値で落札された。

しかしこの海賊どもも、メフメト二世★に比べればまだ許すことができる。彼は十五世紀にコンスタンティノープルを奪取した際、規律も何もあったものではない自軍の兵士たちにこの敬虔なる都市の略奪を許した挙げ句、すべての教会およびコンスタンティヌス帝の大図書館——十二万冊もの写本を収蔵していた——に保管されていた本を海に投げ入れるよう命じたのである。

水はまた、しばしば雨という形をとって取り返しのつかない被害を書物に与える。図書館では幸いにして大っぴらに濡れるなどということはあまり聞かないが、それが起きてしまった時には極めて破壊的な力を振るう。もし長く続いたりすると、水の有害な影響を受けて紙がどんどん腐っていき、ついには繊維がすべてなくなって、触れるとぼろぼろと崩れる単なる白い腐敗物となってしまう。

今はまずそのようなことはないが、三十年前にはイングランド各地の古い図書館の管理は本当におろそかにされていたものだ。大学学寮や大聖堂の図

★ジェイムズ・エドワーズ（一七五七〜一八一六）　英国の書籍商・書誌学者。一七八八年、商売上のパートナーであったジェイムズ・ロブソンとともにピネッリ蔵書の検査のためヴェニスに赴いている。特に大陸の重要な蔵書の販売を多く手がけ、現在大英図書館に所蔵されている有名な「ベッドフォード時禱書」などは、一七八六年に自ら買い求めて保有者となった。

★メフメト二世（一四三二〜八一）　オスマン帝国の第七代皇帝。帝国の版図を広げ、オスマン帝国に「帝国」の名にふさわしい内実を与えた。一四五三年にコンスタンティノープルを征服し、ビザンツ帝国を滅亡させた。

書館の多くが当時、とにかくひどい状態のまま放置されていた。いろいろな例が思い浮かぶけれども、特に一つを挙げるとすれば、窓が長年割れたままほったらかされ、蔦が入りこんで一冊一冊が何百ポンドもする書物の表面を這っているような所もあった。雨が降れば蔦がパイプのような働きをして書物の上部に水を引き込むので、全体がぐっしょりと濡れる有様だった。

これとはまた違った、もう少し規模の小さい図書室では、雨が天窓を通して直接書棚に降りこみ、キャクストンや他のさまざまな英国初期印刷本が並ぶ書棚の最上段をびしょぬれにしていた。そのうちの一冊など、この直後に慈善事業監督委員会の許可を得て売りに出されたのだが、腐っていたにも関わらず二百ポンドの値がついた。

以下に引用する一年前（一八七九年）の『アカデミー』誌掲載の手紙が真実を語っているとするならば、印刷術発祥の地であるドイツでもまた、似たような書物の破壊がまかり通っているようである。

ヴォルフェンビュッテル図書館★はここ何年も嘆かわしい惨状を呈して

★ヴォルフェンビュッテル図書館　もとは十六世紀にユリウス・フォン・ブラウンシュヴァイク＝ヴォルフェンビュッテル公爵によって設立された。最も精力的な書物の庇護者であったアウグストゥス・フォン・ブラウンシュヴァイク＝リューネブルク公爵にちなんで、現在はアウグストゥス公爵図書館と呼ばれる。

蔦を通じて書棚へ侵入する雨水
〔1880年版より〕

いる。建物は壁や天井の一部が崩れ落ちるという危険な状態で、収蔵された多くの貴重な印刷本や写本は湿気と腐食にさらされている。これに対して、資金不足を理由にこの重要な蔵書を朽ち果てさせてはならない、またヴォルフェンビュッテルは知の中心地としての機能を完全に終えているのだから、この蔵書はいまやブラウンシュヴァイクに移すべきである、との訴えがなされてきた。過去にこの図書館の管理者であったライプニッツ★やレッシング★の想い出を大事にするあまりに移転計画を頓挫させるのは、まったくの誤りである。レッシングその人ですら、蔵書とその実用性をこそ第一に考慮すべきであると先頭にたって論じたことだろう。

ヴォルフェンビュッテルの蔵書はとにかく素晴らしいものなので、私としては上述の報告が誇張されたものであることを願ってやまない。天井の修理のための僅かな資金が足りなかったせいでこれらの書物が損なわれたとしたら、ドイツは未来永劫その恥を背負っていかねばならないだろう。かの国に

★ゴットフリート・ヴィルヘルム・ライプニッツ（一六四六～一七一六）　ドイツの数学者・哲学者・神学者。予定調和説によって哲学・神学上のさまざまな教説の統合を試みた。微積分学の形成者でもある。一六九〇年から一七一六年までヴォルフェンビュッテル図書館長を務めた。彼の作成した著者目録は現在も使用されている。

★ゴットフリート・エフライム・レッシング（一七二九～一七八一）　ドイツの劇作家・批評家。啓蒙主義者で、ドイツ近代文学の基礎を築いた。一七七〇年より八一年にかけてヴォルフェンビュッテル図書館長の地位にあった。

は数多くの愛書家が存在しているので、このような罪が犯されることはありえないように思えるけれども、書物の歴史はこの種の冒瀆で満ち満ちているのだ。*

水蒸気も書物にとっては恐るべき敵である。水分が外側と内側の両方を攻撃するからだ。表面の水分は、ページの角や本の側面、表紙と背の境目の溝に白いカビや菌類が繁殖する手助けをする。これは簡単に拭きとれるものではあるが、カビが繁殖していた部分にはっきりと分かる痕が残ってしまう。顕微鏡でこのカビを見てみると、まるで綺麗な葉に覆われた可愛らしい木々やウパスの木からなる、小さな森のような様子をしている。だがこの木々は皮の装丁に根を張り、その組織を破壊するのである。

本の内側では、あの醜い茶色の斑点が湿気によって大きくなり、しばしば版画や「豪華本」の見栄えを損なう。とりわけ今世紀初めに作られた本には、湿気は特に悪影響を及ぼす。この当時、製紙業者が紙の原料となる「ぼろ」★を漂白する方法を発見し、こうしてできた真っ白な紙に印刷したあとよくプレスをかけるというやり方が流行したのだが、漂白剤を中和する方法が不完

＊（原註）これが書かれた一八七九年以降、新たな図書館が建造されている。

★ぼろ　上質紙の原料となる、麻や木綿などの布切れ。現在のように木材を原料とする方法がひろまる以前の西洋の主要な製紙原料。

全であったために、この種の紙は腐食しやすく出来ているのである。こうして、ひとたび湿気にさらされるとただちに茶色の染みが浮き上がるようになったというわけだ。ディブディン博士★の豪奢な書誌学的研究書の多くがこうして損なわれている。確かに博士の書誌は実に不正確だし、そのだらだら続くたわ言と飽き飽きするような衒《てら》いに多くの読者はうんざりする。それでもその本の挿絵はとても美しく、また著名人の逸話やおしゃべりがたくさん盛りこまれているので、彼の豪華な本にきつね色の染みが必ずついているのを見ると心が痛むものだ。

完全に乾燥していて、かつ暖かい図書館の中ではこういった染みは大きくならないかもしれない。だが個人のあるいは委託された蔵書の多くは毎日利用されるわけではないし、また「雨や雪が降らず厳しい霜と長い寒気だけをもたらす気候ならば、蔵書は被害を受けない」との誤解により損傷することもしばしばだ。事実をいえば、書物は決して本当に冷たくしてはならない。霜がおりたあとに気温があがると、湿気を含んだ空気があらゆるところに浸透し、本と本のあいだ、あるいはページとページの間にまで達して冷たい表

★トマス・フログナル・ディブディン（一七七六～一八四七）　英国の書誌学者。オールトロプのスペンサー伯蔵書の司書を務めた。カタログその他の書物に関する著作で知られたが、内容は不正確な部分も多い。代表作は『書物狂』（一八〇九）、『書物十日物語』（一八一五～一七）、『図書館必携』（一八二四）など。

面に水滴を残すのである。これを防ぐのにもっとも有効なのは、霜がおりている間は部屋を暖かくすることだ。霜がとけたあとに急に温めても無駄である。

最悪の敵はえてして真の友にもなる。図書館を完全に湿気から守るためには、我らが敵を温水という形に変えて、床下を通したパイプの中を循環させるのが、おそらく一番よい方法だろう。外からこうしたパイプを熱するのはいまや極めて容易であるし、費用も比較的かからない上、これによって湿気を完全に防げるのだから、さほど手間をかけずにできるのであればこの設備を導入する価値は十分にある。

しかし同時に、どのような暖房施設も開放式の暖炉には敵わない。これによって部屋の換気がなされるので、部屋の利用者と書物の双方の健康にとって有益である。様々な理由から、石炭の火は望ましくない。石炭は危険で汚く、煤煙も出る。一方、上手に配置された石綿の炎ならば、通常の炎と同様の暖かさと換気の効果が得られるのに、それにつきものの不都合がまったくない。召使の使用を好まず、また書物を読みながらどんなにぐっすり眠ってしまっても火が決して消えないことに満足を覚えてみたい人には、石綿のストーブは計り知れない価値をもつ。

最高の装丁がされた本を保管するにはガラス戸つきの書棚が適している、と考えるのもまた誤りだ。湿気を帯びた空気は必ず侵入するし、空気が入れ替わらないためにカビが発生しやすいから、開架式の書棚に置くよりも書物にとっては環境が悪い。防犯を目的とするならば、なんとしてでもガラス戸はやめて、代わりに真鍮の装飾枠を取りつけるべきだ。★ 昔の料理本の著者たちは特別レシピに「自身の経験による」との証明の印を捺したものだが、同様に私もこう言おう。「以上証明済」と。

★**真鍮の装飾枠**　しかし興味深いことに、現在ロンドンのセント・ブライド印刷図書館で使用されているブレイズ自身の書棚はガラス戸が取りつけられた形式のものである。

第三章

ガスと熱気の悪行

ガスは実に得がたいわれらのしもべだ。もし各家庭からガスを完全に排除したりすれば、きっとだれもが悲嘆に暮れるにちがいない。それにも関わらず、書物を愛するものならば、いくつかの公共図書館で採用されている「太陽光ランプ」でもない限り、一吹きたりとて図書室へのガスの侵入を許してはならない。そういった図書館は、ガスを燃やしたときに発生する煙をちゃんと外へ導きだせる造りになっているものだ。

遺憾ながら私自身の経験上、閉鎖空間ではガスは悲惨な結果をもたらすと断言することができる。以前、ほかに言いようもないので私の「図書室」と呼んでいる小さな部屋の周囲に書棚を設置したことがあった。私は用心深く、外に直接つながっている自動の換気扇を二つ、天井のすぐ下に取りつけ、それからスペースの都合と個人的な嗜好により（ランプというのはどんな種類であれあまり嬉しいものではない）、灯りが三つついたシャンデリアを小卓の上に吊るすことにしたのだが、この配置の結果、部屋の上のほうに非常な熱気がたまるようになってしまった。一年かそこらのうちには、窓の上に掛けた皮のおおいや、埃よけのために書棚の最上段から半インチほど垂らしてあったふさ飾りが、まるで火口《ほくち》のようになって、場所によっては自らの重みで落っこちるありさまである。一番上の棚に並べてあった本の背も、完全に痛んでスコットランドの嗅ぎタバコなみの強度になってしまい、触っただけでぼろぼろ崩れ落ちるといった具合だ。もちろんこれはガスに含まれる硫黄の働きのせいである。仔牛皮やモロッコ皮は比較的影響をこうむらないのだが、ロシア皮は硫黄によってあっという間に腐食する。かつてロンドン王立研究所の図書館（ここでもガスが使われていた）で書棚の最上段から本を一冊とり出したとき、私の手の中で背表紙がそっくり外れてしまったことがある。この本は他の点ではまったく損なわれていなかったにも関わらず、である。他にも何千という本が同様の哀れな状態になっていた。

結局のところ本の中身は損なわれていないのだから、ガスは装丁の敵ではあっても書物自体の敵ではない、と反論されるかもしれない。だがこのあと再製本するにあたって必ずや本のサイズは小さくなるし、また多くの場合、製本屋がその叡智によって不用と判断した最初か最後の数ページが失われる。ああ！　今まで目にしてきた、製本屋が惹きおこすあの災厄の数々。できるかぎり相手が感銘を受けそうな面持ちで、あたかもそれが遺言書ででもあるかのように数々の指示を書きとめ、本に皺でも寄ろうものなら金は払わんと脅したところで、すべては無駄に終わる。製本屋の信条はとても簡潔で、たった一つの条項で言いあらわせる。その一条は実に嫌なひと言「刈り込め」だ。だがここでこの暗い話題を追うのはやめておこう。書物の敵としての製本屋は、それだけで一章を割くに値するし、また実際そうするつもりであるから。

　ガスについてあれこれ言うのは簡単だが、対策を見つけるのは難しい。太陽光ランプは設置方法が特殊な上に、使用するガスの量の関係でとても高価である。将来の図書館用の照明には電灯が使用されることになりそうだ。もし性能が安定し値段がそこそこにさえなれば、公共図書館にとっては大変な福音となるだろう。そして恐らく、各家庭で電気がガスに取ってかわるのもそう遠い未来の話ではない。それは図書館で作業をするものにとって、実に記念すべき日となるにちがいない。ガスが書物を傷めるということは、わが国の国立図書館長たちにもあまねく認識されており、彼らの領土でのガスの使用はかたく禁ぜられている。もちろん爆発や引火の危険があるというだけで――たとえその結果が特に有害ではなかったとしても――図書館から締め出す十分な理由にはなるのだが。

　大英博物館の読書室ではここ何ヶ月か電灯が使用されており、閲覧者に多大な恩恵を与えている。ガスに比べると照らす範囲が狭く、差し障りなく仕事をするには適当な場所を探さなければならない。また電気の働きにともないジリジリと音がするという難点もある。さらに問題なのは小さな白い燃えカスが閲覧者の禿げ頭にぽとりと落ちてくることだったのだが、これは最近（一八八〇年）燃焼部分の下に受け皿を設置することで完全に解決された。もう一つ、電光の白さが気にならなくなるまで慣れる必要もある。しかし、すべての欠点を考慮しても、電灯は学者学生にとって大いなる恵みをもたらすといえる。いまや冬場の暗くなってからの三時間のみならず、かつては本を読むなどまるで不可能だったような、霧の深い暗い日にも書物に向かえるようになったのだ。*

たとえ有毒な煙が出なかったとしても、ガスの炎が出す熱気にもし長時間あたれば、それだけで本は深刻な被害を受ける。高熱に長くさらされることで皮革がもともと含んでいる油脂が蒸発するため、本の装丁がからからに乾燥して、ガスとは無関係に駄目になることもある。したがって何らかの熱を使用している部屋の高いところに書物を置くのは非常にまずい。熱気は上方に立ちのぼるわけだから、下方で本を読んでいる人間が快適な室温を保とうとすると、上のほうの空気は必然的に熱くなって装丁を傷めるのだ。

*（原註）大英博物館で使われているのは今もシーメンス社の製品だが、経験と改良をつんだ結果、もう上記のような問題点はなくなっている（一八八七年）。

書物の健康を維持するためにもっともよい方法は、自分の子供のように取り扱うことだ。空気が不浄であったり、暑すぎたり寒すぎたり、あるいはじめじめしていたり乾きすぎたりしている場所に子供を閉じこめておいたら、その子は当然のように病気になるだろう。学問の子たる書物についても、それはまったく同じなのである。

修道僧にまつわる伝説に信頼が置けるものならば、この世で大事に保存された書物が、来世でかさかさに乾いていく運命に遭うことも時おりあるらしい。このお話はおそらく、説教をしてまわる托鉢修道士の学識や能力を疑う敵の手によって作られたものだろう。こういった托鉢修道士と学のない一般の聖職者との間には常にいさかいが存在したからだ。さて、その話によればこうだ。「一四三九年、一生を書物の蒐集に捧げた二人のフランチェスコ会托鉢修道士が死んだ。この二人は本を負わせた二頭のロバを連れたまま、民衆の信仰どおりただちに天の裁きの場に引き出され、自らの審判を聞くことになった。天国の門の前で門番が問いかける。『いずこより来たるか。』『聖フランチェスコの修道院より参りました』と修道士たち。そこで門番は『左

書物を背負ったロバと修道士
〔1888年版より〕

様か！　しからば聖フランチェスコに汝らの裁きを下さしめよう』と言い、この聖人を呼び出した。彼は修道士とその積荷を一瞥し、二人が何者であるか、なぜこんなにも大量の書物を持ってきたのかを問うた。『私どもはフランチェスコ派の修道士でございます』と二人はうやうやしく答える。『僅かではございますがこの書物、新たなるイェルサレムへの奉納品にでもなればと持ちきたりました。』『ならば汝ら地上に在りし時、書物の教えにあるとおり善行を積んだのであろうな？』修道士の人となりを一目で見てとった聖フランチェスコは、厳しい口調で問いただした。二人の口ごもる様子を見れば答えは明らか、聖人はただちに以下のような裁きを下した。『烏滸《おこ》がましき見栄に惑わされ、清貧の誓いにも反して、汝らはこの莫大な量の書物をかき集めてきた。そして書物を得たがゆえに、また得んがためにおのれの務めをなおざりにし、わが修道会の規範をも破っておる。ゆえに汝らにはかく申し渡す。地獄の業火のなか未来永劫、書を読みつづけよ。』その瞬間すさまじい轟音が大気を満たし、火の燃えさかる亀裂が口を開けたかと思うと、修道士とロバと書物とをあっという間に飲みこんでしまった。」

第四章

埃と粗略の結果

書物に積もった埃《ほこり》は、たとえ少量であってもその本が粗略に扱われていることを示している。そして粗略に扱われれば書物はゆっくりと朽ちてゆくものだ。

本の天の部分を綺麗に金粉で覆っておけば、埃による損傷を最小限に押さえることができる。しかしそこをぎざぎざのまま、何の防護策も講じずに放っておくと、確実に染みがついたりページの余白が汚れたりする。

ずっと昔、まだ個人の蔵書がまるで一般的ではなかった頃には、学生は大学や諸団体の図書館を大いに利用していた。図書館司書は決して閑職ではなかったし、埃のほうでも舞いおりる場所を見つける機会がほとんどなかった。だが十九世紀と蒸気印刷機とが新時代をもたらした。基金のない図書館は次第に時代に取りのこされ、結果として顧みられなくなってしまう。新刊はいっさい購入されず、古くさい昔の本を気にかけたり手にとったりするものは誰もいなくなった。私が訪れたことのある古い図書館でも、週の初めから終わりまで扉が一度も開かれないようなところも多かった。そういった場所では空気と一緒に朽ちた紙の粉を吸いこむことになるので、本を手にとるたびにくしゃみをするはめになる。過去の文書がいっぱいに詰まった古い箱の数々も、秋の「虫干し」が行なわれないために、紙魚の保護区と成り果てている。時にはこういった図書館がとんでもない用途に供されることすらあった（ここでは三十年前の状態についてお話ししていることをご了承いただきたい）。もしわれわれのご先祖が図書館のたどる運命を見通せたなら、あまりの不当な扱いに絶句したことだろう。

何年も前、ある晴れた夏の朝のことを私はいまでも鮮明に覚えている。私はキャクストンの印刷本を求めて、わが国の学識高い大学の一つに属する、とある富裕な学寮の中庭に入っていった。周りを取りかこむ建物のくすんだ色調と所々に落ちる影がとても魅力的に見えた。歴史もまた立派なもので、これらの建物が送りだす学問の子らはみな、その祖先の名声に恥じない後継者たちであった（そしていまだにそうである）。陽射しは暖かく、ほとんどの窓が開け放たれていた。紫煙がひと吹き漂いでてくる窓があるかと思えば、話し声のもれる窓があり、ピアノの音が流れでる窓もある。日蔭では学部学生が二人、腕を組んで散歩していた。学帽は壊れてガウンは裂けており、先学期の勇姿が偲ばれる。灰色の石壁は蔦に覆われていたが、日時計だけはあらわになって、そのラテン語の文字盤が高くなっていく太陽の位置を示していた。片側には、窓の形が違うためにかろうじて普通の「居住棟」と見分けがつく礼拝堂があって、この学寮の風紀を見張っているように思えた。反対側の、白いエプロンを掛けた料理人が出てきた建物は大食堂で、こちらは学寮のこの世での繁栄に目を配る係だ。平坦な石畳を踏んでゆくと、居心地のよさそうな――いや、優美ですらある――居室の間を抜けることになる。窓にはレースのカーテンが、椅子には背覆いが掛けられ、銀製のクッキー入れや細い足のワイングラスとともにつらい学究生活を慰めてくれていた。背に金装飾を施された本が、金めっきをされた書棚や小卓の上に置かれて通りすがりの者の目を惹きつける。この豪奢な内装を離れて、中庭のよく刈りこまれた芝生と、陽射しの中できらめく典雅な噴水へと視線をめぐらせたとき、この学寮にあるものすべての上に「富貴と学識の和合」と書かれてあるのが、私の心の目にははっきりと映った。

古き時代の文物が尊ばれ手厚く保護されているところがあるとしたら、まさしくこのような場所であろうと私は思い、周りのものみなが調和しているという悦ばしい感覚を抱きつつ、図書館司書の部屋はどこか尋ねた。ところが司書の名前、あるいはその役職をしめすマントの持ち主がただいま誰であるのか、ちゃんと分かっているものがいない様子なのだ。司書はどうやら名誉職・閑職のようで、通例この学寮でもっとも若年の「研究員《フェロー》」にお鉢が回ってくるらしい。誰が任命されたか気に掛けるものはなく、じっさい執務室の錠前とその鍵とはお互いだいぶ疎遠であった。だがついに私は目的を達し、丁重ながらだんまりの司書によってその埃と静謐の王国へと案内された。昔の後援者たちのくすんだ肖像画の前を通りすぎると、彼らは埃っぽい古びた額縁の中から静かな驚きをこめて私たちを見送った。私たちが本当に「仕事をする」つもりなのか量りかねていたのは明らかだ。一部の図書館にはつきものの、あの朽ちた本のにおいが空気に重く立ちこめている。床には埃がつもり、私たちが歩くと舞い上がって、差しこむ日の光のなかで明るくきらめいていた。書棚にも埃、部屋の中央に置いてある「書見台」にも分厚い埃、張り出し窓の前の古い革張りの机と両脇の椅子にもすごい埃。図書館所蔵の写本の目録はどこかとの質問にわが案内人は、どこかにはあると思う、だがその目録で本を見つけるのは容易ではない、それにちょっと今はどこを探したらよいものか分からない、と答えてくれた。彼によれば、図書館は現在ほとんど使われていないという。学寮の研究員たちには自分の蔵書があるので、十七・十八世紀の版を参照することなどほとんどないし、また図書館に新刊書が納入されなくなってもう長い年月が経っているからだ。

奥の方の部屋に入ってみると、二つ折版の初期印刷本が床の上に無駄に積みあげられていた。古い黒檀の机に、彫刻のほどこされた樫材の長櫃が二つ置いてある。片方の蓋を開けると一番上にかつては白かったであろう聖職者用の法衣が埃にまみれている。そしてその下にはおびただしい量の小冊子──綴じられていない共和政時代の四つ折版──が虫と腐朽の餌食となっていた。すべてが粗略の一語につきた。この部屋から外へ出る扉はだいたい中庭と同じ高さにあり、今は開け放たれていた。外套、ズボン、長靴が黒檀の机の上に乗せられていて、用務員が一人、ちょうど扉を入ったあたりでブラシをかけている。雨の日ともなれば完全に部屋の中に入ってこの作業を行なうのだ。これがどれだけこの場にそぐわない行動であるか、彼はまったく分かっていなかったし、わが案内人だって似たりよったりだった。ああ！ベリーのリチャードよ、★投石器よりその鋭き怒れる風刺の石を投げ、この学寮のうすのろどもの心の鎧を貫きたまえ。私はため息をついた。

悦ばしいことに、現在では状況も変わり、この学寮ももはやこの恥ずべき怠慢に取りつかれてはいない。古きものに対する敬意がよみがえった昨今で

★ベリーのリチャード（一二八六〜一三四五）　英国サフォック州ベリー・セント・エドマンズ生まれのベネディクト会修道士で、英国王リチャード三世の王太子時代に家庭教師を務めた。教え子の即位とともにダラム司教に就任。のちイングランド大法官、大蔵卿を歴任した。死後の一四七三年に印刷された『フィロビブロン』（英訳一八三二年）は、学問の振興とそれを目的とした書物蒐集の重要さを説いた書で、現在もっとも知られた彼の主著であり、当時の学問ならびに聖職者の状況を我々に教えてくれる。なおこの作品は、講談社学術文庫に古田暁氏による邦訳がある。

図書館内で衣服の埃を払う用務員
〔1888年版より〕

ある、他の学寮でもこういった悲惨な状態に悩むところは一つもないことを願おうではないか。

しかしこのように書物の宝を愛情のかけらもなく扱うのは、なにも英国人特有の罪というわけではない。以下の文章は最近パリで出版された面白い本から訳したものだ。*現在ですら、そしてフランスの文芸運動の中心地ですら、書物が悲運に見舞われていることが分かる。

ドローム氏曰く、

では地方の大きな町の公共図書館に入ってみよう。室内は嘆かわしい様相を呈している。そこはもう埃と混乱のすみかだ。司書は確かにいるが、自分を門衛程度にしか思っておらず、面倒を見るようその手に託された書物の様子を週にたった一度確認しにいくだけだ。書物はひどい状態で、片隅に山と積み上げられて、世話も製本もされていないために朽ちるにまかされている。現在(一八七九年)、毎年数千冊の本を受け入れているにも関わらずそれをちゃんと綴じないので、五十年かそこらの

*(原註) L・ドローム『書物という贅沢』(パリ、一八七九年)

うちにすべて散逸してしまうであろうような図書館が、パリ市内だけでも一つどころではなく存在する。何の配慮も払われていないせいで、ばらばらに壊れつつある稀覯書――取りかえがきかない――もある。言い換えると、製本をせずに放っておかれているので、埃と虫の餌食となり、触れただけでばらばらになってしまうのだ。

あらゆる歴史が、このように書物を粗略に扱うのが特定の時代や国に限った現象ではないことを教えてくれる。以下の逸話はエドモン・ウェルデの『書物の歴史』から採ったものだ。*

詩人のボッカチオ★がプーリア地方を旅していたとき、モンテ・カッシーノの名高い修道院★を訪れたいと強く願った。特にその評判をつとに聞いていた図書室を見てみたかったのである。彼は修道僧を一人、その顔つきから選ぶと、非常に丁重に声をかけて図書室に案内してはもらえないか尋ねた。「自分で見るがよい」修道僧はぶっきらぼうに言うと、長

*(原註)エドモン・ウェルデ『フランスの書物の歴史』(パリ、一八五一年)

★ジョヴァンニ・ボッカチオ(一三一三~七五) イタリアの作家・人文主義者。その主著『デカメロン(十日物語)』は近代散文小説の嚆矢とされ、中世末期のヨーロッパに大きな影響を与えた。

★モンテ・カッシーノ修道院 六世紀に聖ベネディクトゥスによって建てられた修道院で、彼はここで没している。その後、他民族の侵入や、イタリア国内の動乱のために盛衰を繰り返したが、現在は国家の所有となっている。

い年月のうちに壊れてしまっていた石造りの階段を指し示した。どんな素晴らしい書物が出迎えてくれるだろうとボッカチオが喜び勇んで階段を駆けのぼり、その部屋に行ってみると、宝物を守るための鍵どころか扉さえもないときている。窓の下枠から草が生い茂ってほんとうに暗くなっている部屋を、そして埃が一インチもの厚さに積もった書物と椅子を目にした彼の驚愕はいかばかりであったろうか。すっかり仰天して次々に本を取り上げてみると、そのすべてがとてつもなく古い写本であったが、しかしそのすべてが恐ろしいまでにぼろぼろだった。力まかせに引きちぎられて章がまるまるなくなっている本がかなりあり、また多くの本では何も書かれていない余白の部分が完全に切り取られていた。実際、その毀《こぼ》たれ具合は徹底したものだった。

かくも数多くの偉人たちの著作と智慧が、かくも不釣合いな保管者の手に落ちているのを目の当たりにして、ボッカチオは嘆き悲しみ、目に涙をうかべて階段を下っていった。歩廊のところで先ほどとは違う修道僧に出会った彼は、なぜ写本があぁも滅茶苦茶に切り取られているのか尋ねてみた。答えはこうである。「ああ、私たちとて、お分かりでしょう、生きていくためには塩漬け肉やらを手に入れねばならんのですよ。ですから書き物をするために写本の余白を切り取って、それでもって小さな祈禱書を作りましてな、ご婦人や子供に売っとるわけです。」

バーミンガムのティミンズ氏がこの話の後日譚として教えてくれたところによると、モンテ・カッシーノ図書館の宝物は今ではボッカチオの頃よりずっとよい扱いを受けているという。そこの立派な修道院長も貴重な写本を誇りとしており、訪れる人に見せたがってしかたがないらしい。現在ここには石版・活版一式揃った印刷所があって、院内の大きな一室で忙しく操業しているという情報に興味を持たれる読者も多いにちがいない。素晴らしいダンテの写本がすでにこの印刷所で復刻されているし、他のファクシミリ版も目下出版準備中である。

第五章

無知と偏狭の罪

火や水と同列に語ることはできないとはいえ、無知というものもまた書物にとっては恐るべき破壊者である。宗教改革の時分には、少しでもローマ・カトリック教会のにおいがするものは一般に徹底して嫌われたので、宗教関係か世俗のものかを問わず、文字に装飾がほどこされているだけで何千巻という書物が葬られた。字が読めなかった当時の人々は、ロマンスと詩篇の違いも分からなければアーサー王とダビデ王の区別もつけられなかったのだ。

そのために紙製の書物は芸術的な飾りがあろうが何だろうがパン屋の竈《かまど》に火を入れるのに使われ、羊皮紙の写本はどんなに美しく装飾されていようとも製本屋や靴屋の雑用に供されてしまった。

またこれとは違うたぐいの無知によって書物が破壊されることも多い。以下に引用する、フィラレット・シャスル氏★がキンボルトンのB・ビーダム氏にあてた手紙がそれをよく示している。

私が司書を務めるマザラン図書館★で、十年前に古い物置の中身を運び出していた時、大量のぼろきれやごみの一番下に大判の本があるのを発見しました。本もタイトルページもなく、図書館員たちの暖炉の火つけに使われていたものです。革命前には貴重な書物がいかに粗末に扱われていたかよく分かります。なにせこのうち捨てられた冊子は実は立派な真正のキャクストン刊本で、六十年前にはパリ廃兵院にあり、もともとのマザランの蔵書に含まれていたのは確実なのですから。

★ヴィクトル・ユーフェミアン・フィラレット・シャスル（一七九八〜一八七三）　フランスの批評家・文人。父親の方針で印刷屋の徒弟として働いた経験を持つ。英国の批評誌に多数の記事を執筆し、のちに英国文学をフランス大衆に広めるのに与って力あった。マザラン図書館長およびコレージュ・ド・フランス比較文学教授を務める。

★マザラン図書館　フランスの枢機卿で、宰相としてフランスをヨーロッパ最強国に仕立てあげたジュール・マザラン（一六〇二〜六一）の蔵書を擁する図書館。ここのグーテンベルク聖書は「マザラン聖書」と呼ばれる。

まさにこの本を私は一八八〇年四月にマザラン図書館で目にした。とても素晴らしい一四八三年発行の『黄金伝説』★初版であったが、しかし当然のことながらだいぶ欠損していた。

この世ではさまざまな事柄が起こっては、互いに幾度も交錯しているわけで、中には驚くような偶然もしばしば発生するものだ。マザラン図書館であったのとちょうど同じような出来事が、同じころのロンドンでも起きていた。フランス新教の教会であるサン・マルタン・ル・グラン教会でのことだ。ずいぶんと前に私はそこで、ページが無残にも破りとられたキャクストン版の木版画つき『カンタベリー物語』★が、聖具室の火床のそばにある分類棚に入れられているのを見つけた。パリの本と同様に、これもその価値をまったく知らない者の手によって一枚一枚破りとられて、その部屋の暖炉に火をおこすために使われていた。少なく見積もってももともとは八百ポンドはしたはずの書物も、そのころには半分くらいの価値に成り下がっていた。もちろん私は懸命にそこを預かる牧師を説得して、その本や、もう一冊のルードとハントによって一四八〇年に印刷された大判の二つ折本に注意を払わせようと

★『黄金伝説』　十三世紀にイタリアのヤコブス・デ・ウォラギネ（一二三〇〜九八）が書いたキリスト教聖人伝説集。中世ヨーロッパで広く読まれ、英国では一四八三年にウィリアム・キャクストンの翻訳になる版が出版されて人気を博した。十九世紀後半にはウィリアム・モリス（一八三四〜九六）がケルムスコット・プレスから出版している。

★『カンタベリー物語』　英国の詩人ジェフリー・チョーサー（一三四三頃〜一四〇〇）の代表作。カンタベリーへ向かう巡礼の一行が、道中のつれづれを慰めるためにひとり一つずつお話を語るという枠の中に、あらゆるジャンルの物語を収めた。「木版画つき」のキャクストン版は一四八三年頃に上梓された第二版である。

キャクストン版『カンタベリー物語』を暖炉の焚きつけに使う掃除婦
〔上図：1880年初版、下図：1880年第2版より〕

したものだ。何年かが経ち、教務委員会がその教会の管理をするようになった。しかしついに管財人が任命されて、貴重な蔵書の整理と目録の作成を行なった時には、このキャクストン版はオックスフォード大学の最初の印刷所による素晴らしい『ラタベリー』もろとも完全に姿を消していた★。どんな種類の無知によってこれらの書物が破りとられていたにせよ、その後それが姿を消したことについては「無知のせいであった」などとは決していえないはずだ。

以下の逸話は先ごろ『アンティクアリー』誌の第一号にも掲載されたが、ここで採りあげるのにちょうどよいので、古い蔵書を相続した方々への警鐘として、ぜひとも再掲しておきたい。私自身がこれを書き写したのは何年も前のことで、ペラムの教区牧師であるニューマーシュ師が一八四七年に、カンタベリー大司教の司書を務めるS・R・メイトランド師★にあてた手紙からである。こういうお話だ。

一八四四年六月のこと、行商人が一人、ブライトン（Blyton）の農家

★『ラタベリー』　ヨハネス・ラッタブリウスによる『預言者ヒエロニムスに関する箴言の書』を『カンタベリー物語』にかけて表記したものと思われる。扉によれば、これはテオドリック・ルードによって一四八二年七月三十一日に出版された。トマス・ハントとルードが協働しはじめたのは一四八三年ごろのことである。

★サミュエル・ロフィ・メイトランド（一七九二～一八六六）英国の歴史家。アルビ派・ワルド派に関する重要な教会史を著した。一八三八年にカンタベリー大主教の居城であるランベス宮の司書となるが、四八年に離職している。一八三九年より王立協会員。

を訪れ、そこの未亡人のネイラーという方に、もしあったらぼろきれを売ってくれないかと尋ねました。彼女は「ない」と言ったのですが、かわりに古紙を少々と、棚から取り出した『セント・オールバンズの書★』その他の本を渡すことにしました。重さは九ポンドで、受け取った代価は九ペンスです。行商人はこれをひっくくって運び、ゲインズバラの町なかの薬屋の前を通りかかりました。薬を包装するために古紙を買い入れるのを常としていた薬屋は、行商人を呼び入れたのですが、『セント・オールバンズの書』の見た目にすっかり感心して、全部を三シリングで買い取ることにしたのです。ですが彼は奥付を読めませんでしたので、自分と同じくらい物を知らない文具商のところにこの本を持っていって、一ギニーで買わないかと持ちかけてみました。この商談は断られましたが、この本について情報を集めるためにうちの店先に陳列してあげようと文具商が申し出たので、「非常に古く珍しい一品」との貼り紙つきでそこに置かれることになりました。店を訪れた書物蒐集家が半クラウンを提示するに及んで、売り手はこの書物の価値についてもしやと

★『セント・オールバンズの書』（一四八六）　キャクストンがイングランドに印刷術を導入した直後、セント・オールバンズで数冊の書物が出版された。現在まで名が伝えられていないため「学校教師印刷屋」などと呼ばれるこの印刷業者の最後の本が『セント・オールバンズの書』である。これは鷹狩り、狩り、紋章に関する小論を集めたもので、作者は十五世紀英国の宗教家ジュリアーナ・バーンズ（あるいはバーナーズ）とされている。

思うようになりました。ゲインズバラの教区牧師のバード氏★がやってきて値段を尋ねたのはそのすぐ後のことです。彼は最初期の印刷物を何でもいいから欲しいと思っていたのですが、この本の価値は知りませんでした。彼がためつすがめつしているところへ、切れ者の書籍商スターク★がやってきましたので、バード氏はこの書物を買い取る権利をただちにスタークに譲ったのでした。しかしこの書籍商の見るからに欲しそうな様子に、売り手であるスミスはその場で値段を決めるのを断りました。またそのすぐ後、リーのチャールズ・アンダースン卿（『いにしえの模範』の著者です）★が店を訪れ、比較校合《きょうごう》のために本を借り受けていきました。翌朝返しに来た彼は、中ほどに欠損があるからということで、五ポンドの金額を提示します。いったいこの書にいかほどの価値があるのか手がかりを与えてくれるような本を、彼は持っていなかったのです。しかしこの間、スタークは優先権を得るべく友人を使い、チャールズ卿が出せる金額よりわずかに多い額を払うことにしました。少なくとも五ポンドでこの本が売れると分かったスミスは薬屋のところへ行って二ギ

★チャールズ・スミス・バード（一七九五〜一八六二）　英国の聖職者・昆虫学者。雑誌に種々の記事を寄稿した。一八四三年より五九年までゲインズバラに居を構えた。

★アダム・スターク（一七八四〜一八六七）　英国の書籍商・好古家。はじめ印刷業を志すも、のちにゲインズバラで書籍商に転じた。

★チャールズ・アンダースン（一八〇四〜九一）　彼の『いにしえの模範』（一八四〇）はイングランド東部の中世教会建築を概観することで、現今の教会建築を再考しようという主旨の著作。

ニー★を渡し、自分はスタークの代理人から本の代価として七ギニーを受け取りました。スタークはといえば、この書をロンドンに持っていき、ただちにトマス・グレンヴィル閣下★に七十ポンドだか七十ギニーだかで売り払ったのでした。

　さて次に、こんなに古い書物が表紙もなしにどうやって生き残ってきたのかお話しせねばなりませんね。五十年ほど前のことです。ゲインズバラ教区のソノック館、こちらはヒックマン一族の居館ですが、そこの図書室の大規模な改装工事が行なわれることになり、書物の整理が極めて無知な人物に委ねられました。どうも着ていた上着でもって選ばれたようなこの男は、表紙のない本はすべてどさどさと積み上げて、あらゆる雑用に供することにしたのです。かつてリーランド★は、各地の修道院が訪問者によってその図書室を荒らされ、書物が同様の扱いを受けているのを嘆いたものですけれど、それとまったく同じです。しかしこれらの書物はちょっとした学のある庭師の目にとまり、彼は気に入った本を何冊か家に持ちかえる許しを請いました。彼が選んだのは大量の下院で

★二ギニー　当時の貨幣制度では一ギニーは二十一シリング。一ポンドが二十シリングなので、二ギニーは二ポンド二シリングということになる。

★トマス・グレンヴィル（一七五五～一八四六）　英国の政治家・書物蒐集家。英国首相であったジョージ・グレンヴィル（一七一二～七〇）の子で、一七八〇年から一八一〇年まで国会議員を務める。政治家としてより書物蒐集家として広く知られ、彼の膨大な蔵書は死後大英博物館に寄贈されて、グレンヴィル蔵書を形成している。

★ジョン・リーランド（一五〇六頃～五二）　英国の好古家。ヘンリー八世づきの主席司祭および司書を経たのち、一五三三年に王命古物調査官に任じられ、イングランド各地を巡って歴史・地理資料を渉猟した。この旅行の記録は長らく手稿のまま多くの好古家の参考資料とされたが、一七一〇年から一七一二年にかけてようやく出版された。一二一ページ訳註参照。

の演説、地元で発行された小冊子、一六八〇年から一七一〇年にかけての政治的パンフレット、歌曲集などなどでした。私がのちにその農家で見つけた彼が作った一覧表、その四十三番目に「もんしょう」つまり『セント・オールバンズの書』が記載されています。この老人はどうやら紋章にいささかの造詣があったらしく、所有している本には自分で自分の紋章と決めていた図像を描きこんでいました。彼の死後、大きな収納箱に詰められるだけ詰めこんで屋根裏部屋にしまったのですが、『セント・オールバンズの書』を含む数冊のお気に入りだけは台所の棚に何年ものあいだ置いておくことになったのです。しかしついに息子の嫁さんは埃を払うのに「ほとほと嫌気が差して」、書物を売りはらうことにしました。もし彼女が生活に困っていたりしたら、あの本の買い手であるスタークに言って、その大きな儲けのほんの一部でも彼女に払うようにさせなくてはならなかったでしょう。

こんな偶然が一人の人間に二度もめぐってくることはないものだが、エドモン・ウェルデによれば、これと実によく似た事例がもう一つあったという。そこでもまた「棚からぼた餅」はロンドンの書籍商の膝の上に落ちてきている。

一七七五年、アントワープにあるベネディクト会リコレ派の修道院が改装されることになり、蔵書の調査の結果、千五百冊の本が処分されることになった。写本もあれば印刷本もあったが、どれもこれも価値のない古臭いごみであると判断されたのである。

これらの本ははじめ庭師の部屋に放り込まれていたが、数ヶ月ののち修道士たちはその叡智を駆使して、その庭師の長年の奉公の褒美としてすべてを与えることにした。

この世代のものにしては庭師は無知な修道士たちよりも賢く、本をまとめてヴァンダーベルグ氏という、学のある書物愛好家のところへ持っていった。ヴァンダーベルグ氏はこれをざっと見て、重さ一ポンドあたり六ペンスで買い取るがどうかと持ちかけた。取引はただちに成立して、ヴァンダーベルグ氏が本を手に入れることになった。

それから間もなく、アントワープに滞在していた有名なロンドンの書籍商スターク氏がヴァンダーベルグ氏を訪れ、本を見せてもらった。彼はすぐさま一万四千フランを提示し、ヴァンダーベルグ氏もそれを受け入れた。かわいそうな修道士たちがこれを耳にしたときの驚きと無念を想像していただきたい！　もう取り返しがつかないことは分かっていたし、おのれの無知さ加減に唖然としてしまったので、彼らはなんとも謙虚なことに、その多額の儲けの一部を修道院に支払って自分たちの気持ちを鎮めてくれとヴァンダーベルグ氏に要求したのであった。ヴァンダーベルグ氏は千二百フランを彼らに支払った。

一八六七年にランポート館の屋根裏でエドマンズ氏がシェイクスピアその他の貴重な本を発見したあの大事件は、とてもよく知られている最近の出来事であるから、ここでわざわざ語りなおす必要もないだろう。★　この場合、それが現存しているという知らせだけでシェイクスピア愛好家ならば耳鳴りを起こしそうな作品の数々が、まったくの偶然によって保管されていたようである。

★**ランポート館の大事件**　イシャム家の居館であるノーサンプトン州のランポート館で一八六七年、当主より書籍の整理を依頼された友人の好古家チャールズ・エドマンズ卿が、エリザベス朝期の劇作家クリストファー・マーロウ（一五六四～九三）の物語詩『ヒーローとリアンダー』のそれまで知られていなかった版（一五九八年ポール・リンリー印行）を発見した。このとき同時にシェイクスピアの物語詩『ヴィーナスとアドーニス』の一五九九年版なども見つかっている。（この情報についてはフェリス女学院大学文学部教授の井出新先生と、慶應義塾大学大学院の中野涼子氏にご教示いただいた。）

私が親しくしているある紳士が、一八七七年の夏にブライトン（Brighton）のプレストン通りに宿を取ったことがある。到着の翌朝、彼は手洗いで初期印刷本の数葉を見つけた。彼はこれをもらう許しを請うたあとに、まだ元の場所に同じようなものがもっと残っているかどうか尋ねてみたのだが、二、三の断片しか見つからなかった。女主人が言うには、彼女の父親が古いもの好きで、かつては衣装箱いっぱいの初期印刷本を持っていたらしい。彼が死んだ時にもそれは取っておかれたのだけれども、ついに彼女もそれを目にするのに飽き飽きして、どうせ何の価値もないだろうからと古紙として使うことにしたのだった。二年半のあいだこれらの書物は家の中のさまざまな用途に利用され、今ちょうど使い切ったところだという。このとき保護され、今は私の手元にある結構な量の断片は、キャクストンの後継者ウィンキン・ド・ウォード★の工房で印刷された、極めて稀少な本のひとつからとられたものだ。表題はとても面白い木版画で、奇妙な形の黒字体で『ローマ人の事跡《ゲスタ・ロマノールム》』★と彫られていて、全体を通しても稚拙な木版画がたくさん印刷されている。シェイクスピアが『ヴェニスの商人』の筋書きに必要不可欠な「三つの小箱」

★ウィンキン・ド・ウォード（一五三四頃没）　アルザス生まれのロンドンの印刷業者。はじめウィリアム・キャクストンのもとで働き、のちにその印刷所を引き継いで後継者となった。

★『ローマ人の事跡』　十三世紀末から十四世紀初頭にかけて成立したと思われる逸話集。中世ヨーロッパで非常に好まれ、多くの写本で現存している。英訳版はウィンキン・ド・ウォードによって一五一〇年ごろに印行されている。

の挿話を拝借したのがまさにこの本からであるのは、ほぼ間違いない。考えてもみて欲しい。この便所は毎日毎日こうも贅沢な書物の宝をまかなわれていたのだ！

大英博物館のランズダウン蔵書の中には、エリザベス朝期の劇の手書き台本三つを綴じた冊子がある。その遊び紙には五十八の劇を挙げた一覧表が書きこまれており、一番下には有名な好古家ウォーバートン★の手によってこのような註が記されている。

長年をかけてこれらの劇の手書き台本を蒐集したのだが、私の不注意および召使の無知のために、不運なことにすべて燃やされたりパイ皮の下敷きにされてしまった。

この劇のうちいくつかは印刷本として現存しているが、他はすべて現代には知られておらず、「パイ皮の下敷き」に使われたときに永久に失われてしまった。

★ウィリアム・ウォーバートン（一六九八～一七七九）　英国の聖職者・文人。十八世紀の理神論に対して論陣を張るなど、論争家として活動した。友人であった詩人のアレグザンダー・ポープの著作集（一七五一）や、シェイクスピアの全集（一七四七）を編纂した。一七五九年よりグロスター主教。

われらが偉大な国立図書館の印刷本部長であったW・B・ライ氏★はこう書いてくれた。

無知の話題についてですが、大英博物館にいらした際にぜひともピンソン★が一四九四年に印刷したボッカチオ作・リドゲイト訳の『貴族の没落』★をご覧になってください。これはもっとも稀少な書物です。完本であった時分には、とても綺麗でページも切られていませんでした。一八七四年のある気持ちのよい夏の午後に、ランバーハーストに店を開いている商人が私のところにこれを持ってきたのですが、ページの多くが切られて正方形の紙切れにされていまして、ちょうどタバコ屋の店先から救出してきたところだというのです。店の主人はこうしてできた紙片を、タバコの葉や嗅ぎタバコの包み紙として使用していました。この男は女房に絹のガウンを買ってやりたいと思っていたので、喜んでこの本を三ギニーで売ったといいます。大英博物館の製本係がいかに上手に紙片を継ぎあわせ、不完全ではあるものの綺麗な一冊の本にしたか、きっとご

★ウィリアム・ブレンチリー・ライ（一八一八～一九〇一）　英国の図書館司書。貧困の中、法律事務所に勤めるが、一八三九年より大英博物館の職員となる。一八四六年のトマス・グレンヴィル蔵書の寄贈にあたっては、その収蔵・整理を担当した。一八六九年に印刷本部長となるが、七五年に体調の不良により退職している。

★リチャード・ピンソン（一五三〇年頃没）　ノルマンディー生まれの印刷業者で、ロンドンで操業。一五〇八年にはヘンリー八世勅命の印刷工となる。

★『貴族の没落』　ボッカチオ作品の仏訳から、一四三一年から三八年にかけて英国の詩人ジョン・リドゲイト（一三七〇頃～一四四九）が三万六千行におよぶ英詩におこしたもの。

確認いただけることでしょう。

教区記録簿の管理者も、人によっては不注意なところを見せるという点に関して、こういったことに造詣の深いノーブル氏は以下のように書いている。

二、三ヶ月前、チャールズ一世時代のことについて調べるため、イングランドのある大きな町（名指しするのは止めておきます）のもっとも興味深い記録簿の一つにあたろうと思い、その管理者に手紙を書いて、どうか私の代わりに記録を調べてはもらえないか、もし記載されている名前が読めないようだったら、書いてあることが分かる程度には当時の筆跡が読める人間を捉まえてもらえないか尋ねてみました。二週間ほど返事がなかったのですが、ある朝のことです。郵便配達人が書留になっていない非常に大きな書籍小包を運んできました。開けてみると、なんとそれは教区記録簿の原本だったのです！　管理者が添えた一筆には、私が直接目を通せるよう書類を送るのが一番だと思った、また使い終わったらただちに返してもらいたい、とありました。彼が私の役に立とうとしてくれたのは明らかです。この自分の責任についての無知さ加減は、疑いなく彼の心根が親切であることも示しており、ただそれだけの理由で私はその名前をここで挙げるのを控えようと思います。ですがしばらくして、この貴重な書類が再びちゃんと収納箱にしまわれ施錠された旨を彼が書きおくってきた時、私が心から喜んだのは言うまでもありません。彼のようなものも確かに「書物の敵」だと思うのですが、いかがでしょうか？

偏狭な信仰によって犯された罪もまた数多い。ヨーロッパに名高いアムステルダムの書籍商、故ミュラー氏は、その逝去の数週間前に私あての手紙の中でこう言ってきた。

もちろんオランダにもたくさんの書物の敵がおります。あなたほどの気力と筆力がありましたなら、私自身あなたの御本と対になるような本を書いてみるところなのですが、自分の経験を少しばかりお伝えするのが、いまのところ私にできる最良の選択であろうと思われます。印刷術の発見によって誰かのすべての作品をこの世から消し去るのは難しくなった、と書いておられましたね。この点に関してひとこと申し添える必要があります。かつての宗教裁判所は、その内容のためになる部分ゆえにとても貴重な数々の本を異端として焼き払い、この世から消し去るのに大きな成功を収めました。実際ここオランダでも、この国の六人のカトリック司教から認可を受けた「古紙協会」と呼ばれる教皇派の団体があって、王国中に広まっております。この団体が公言しているその目的とは、プロテスタントあるいは自由派カトリックの著作は新聞であれ小冊子であれ書籍であれ、すべて買い占めて古紙として売却し、収益を「聖ペテロの小金」として教皇に献上するというものです。当然プロテスタント信者の間ではこの団体はあまり知られておりませんし、存在自体を否定するものもたくさんいます。ですが幸いにも私は、この司教の一人が発行したちらしを一部手に入れることができました。それに記載された表によりますと、驚くべき量の紙がこうして回収され、一つの地区だけで三ヶ月に千二百ポンドもの利益を上げています。カトリックの聖職者たちがこの事業を強く押しすすめているのは言うまでもありません。現在この国で、三十年、四十年、あるいは五十年前に出版された、特に題材自体の寿命が短いような本を手に入れるのがどんなに困難であるか、きっとご想像もつかないでしょう。歴史書と宗教関係の著作はほとんどありませんし、この時代の小説や詩はまったく見つかりません。医療・法律関係の本でしたらそれよりは探しやすくなっていますけれど。オランダほど多くの書物が印刷され、そして破壊された国は他に存在しないと言わねばならないでしょう。

W・ミュラー

好ましくない著作をすべて買い占めるというやり方は、はっきりいって実に近視眼的であると私は思う。たいていの場合、重版・重刷が大量に出回るようになるだけだろう。わが国ではまさにそういう結果となった。ローマ・カトリック教会から英国国教会へ目を向けてもさほど大きな違いはない。ブライトン（Brighton）の書籍商スミス氏はこういう証拠を挙げている。

この二世紀というもの、聖職者たちもまたあなたの（書物破壊者の）表に加えられてしかるべきだという事実に目を向けていただいても、時間の無駄にはならないと思います。私は次のような形でつらい経験をいたしました。聖職者が管理する図書館の多くでは、たくさんの本が数ページ切りとられていたり、一部がごっそり破りとられていたりします。自分より偉大な人々の叡智をこのような形で使用するのがもっとも彼らの用に適うのでしょうし、またそれにあたってこうして書物の一部を破りとって時間の節約をしてもいるのでしょう。私の商売にとって困るのは、完本と信じて彼らから購入した本をのちに売却する際、もし欠損があると分かると買い手はすぐさま損害賠償を請求してくるというところです。しかし売り手としてはもうどうしようもありません。

政府の役人も、いまだに不注意で本を破壊しつづけている輩のなかに分類される。荷車何台分もの興味深い書類が、ひとたび現代の役人にごみであると判断されると、製本されているものもされていないものも一まとめに、さまざまな機会に紙くずとして売りに出される。* 救い出され高値で売りなおされたものもあるが、とことわに失われてしまったものもある。

一八五四年、実に興味深い議会・政府報告書の叢書の刊行が特許局の肝煎《きもいり》で始まった。もちろん費用は国費でまかなわれる。一六一七年以降の重要な特許はすべて詳細が発明明細書の原本から印刷され、必要に応じて図版の複製が文面の説明のために添付された。一巻一巻は安価で、実際のところちょうど材料費と労務費にあたる額に過ぎなかった。一般大衆はもちろんこういった書物はほとんど気にかけなかったけれども、ある特定の技術がどのように発明されどう発展したのかに興味を抱く人々は大いに気にかけたし、また研究に携わる人間によって叢書ひと揃えが多数買われることになった。しかしこの大量の在庫は少々やっかいなもので、一八七九年に他の建物へ引越さねばならなくなったときには、さてこれをどうするかという問題が持ちあが

*（原註）ネル・グウィンの個人的な家事に関する書もまた、チャールズ一世の時代の王侯の家では何が必要とされていたかについて、極めて面白い細かな情報を含んでいるにも関わらず、同様の目にあった。幸いにもこの本は無事に保護され、今は個人の所有となっている。
〔訳註〕ネル・グウィン（一六五〇〜八七）は英国王チャールズ二世の愛人の一人で、その機知と無欲によって知られている。

った。国が何千何万ポンドもの金を費やしたこれらの公文書は古紙として製紙業者に積極的に売られ、百トン近い残部が一トンあたり三ポンドほどで運び去られた。これほど大規模な文化破壊行為が政府省庁のただ中で行なわれたとは、いくら本当のこととはいえにわかには信じがたい。当然ながらまったく需要が見込まれないものも確かにあったのだが、多くの場合、特に蒸気機関と印刷機の初期の仕様明細書など、原本がないために様々な人間の期待に添えない状況が続いている。この逸話のもっとも馬鹿馬鹿しいところはこうだ。破砕されパルプにされた特許明細書の多くが、こうして在庫がなくなったあと一度ならず版を重ねているのである。

第六章

紙魚の襲撃

働き者の虫がいて、
極上の本も駄目にする。
　隅から隅まで穴だらけ。
どんなページも喰いすすみ、
本の価値などお構いなし。
　そもそも気にもしていない。

無粋な歯をもて切り裂き汚す、
詩人哲人志士聖人、
　機知も知識も容赦なし。
もしも理由を知りたくば、
私はかように答えよう。
　それが彼らの糧《かて》だから。

紫煙に胡椒に嗅ぎタバコ
ロシア革でも彼奴らは笑う。
　なれどなにゆえ知識の子らが、
小者に苛だち恐れるものか？
当の書物を読みさえすれば、
　虫に抗すもたやすいものを。

J・ドラストン★

★J・ドラストン　ジョン・フリーマン・ミルワード・ドヴァストン（一七八二〜一八五四）の誤り。後版で訂正されていないところを見ると、覚書を記してからそれを原稿に写すまでのいずれかの過程で、ブレイズ自身が小文字の「v」と「r」を取り違えたものと思われる。ドヴァストンは英国の文人で、はじめロンドンで弁護士を志すも、父の死とともにイングランド西部の自領に戻り、文筆にいそしんだ。木版画家のトマス・ビューイック（一七五三〜一八二八）や、キーツの友人で詩人のジョン・ハミルトン・レノルズ（一七九四〜一八五二）などと親交を結んだ。生前に数冊の本を出版しているが、その一冊のうちに「本の虫──その殺し方」という短詩があり、これがブレイズの引用しているものである。（この情報の確認にあたっては、慶應義塾大学文学部講師の徳永聡子氏の協力を仰いだ。）

書物に取りつく虫――紙魚――も本にだいぶ損害を与えたものだ。いま損害を「与えたものだ」と言ったのは、幸いにしてこの五十年ばかりの間に、どの文明国でもこの虫による被害はだいぶ抑えられてきたからである。理由はいくつかあって、ある程度までは、古物を大切にする態度が世界的に広まったという事実によるし、またより効果を発揮したのは「年々価格が上がってゆく書物は大事にせねば」と考える所有者たちの強欲だ。さらに、そもそも食糧になるような書物があまり作られなくなったというのも、かなり大きい。

その実情がほとんど分からないために現在「暗黒時代」と呼ばれる時代には、かつて書物の主な作り手であり管理者でもあった修道士たちが紙魚の脅威を目の当たりにすることはなかった。確かにこの虫は昔も今も実に貪欲だが、羊皮紙はあまりお好みではなく、紙は当時使われていなかったのだ。さらに時代を遡って、エジプト人にとっての紙であったパピルスがその餌食になったかどうかは分からない。純粋に植物でできているから、たぶん餌食となっただろう。もしそうなら、いま巷で悪評を誇る虫どもは、ヨセフがエジ

紙魚による破壊
〔1880年版より〕

プトにいたころに、証書や学術書を喰い荒らしてヘリオポリスの神官たちを悩ませた貪欲な先祖の、直系の子孫であるということになる。

活版印刷術が発明される前の写本のように、稀少で貴重な品物は大事に保管されるものだ。しかし印刷機が発明されて紙製の書物がどんどん生産されるようになり、図書館の数も増え読者も多くなってくると、見慣れたものをないがしろにする風潮が生まれてしまった。書物は誰の目にも触れないようなところに仕舞いこまれ、そして忘れ去られる。こうして、しばしば引き合いに出されるわりに見た者はあまりいないあの虫が、誰もが認める図書館の店子として愛書家の天敵となるのだ。

この害虫に対しては、古今のありとあらゆるヨーロッパ言語で呪いの言葉が投げつけられてきた。過ぎ去りし世紀の古典学者はラテン語で長長格や長短短格の詩を作っては虫について語っている。ピエール・プティ★は一六八三年にラテン語の長詩でこの虫をそしり、またパーネル★の愉快な頌詩はよく知られている。パーネルはこう嘆いてみせる。

★ピエール・プティ　フランスの数学者・天文学者であったピエール・プティ（一五九四頃～一六七七）のことか。ルネ・デカルト（一五九六～一六五〇）の親しい友人でもあり、ルイ十三世には地理学者として仕えた。しかし彼はブレイズの挙げている年代にはすでに死去している。

★トマス・パーネル（一六七九～一七一八）　アイルランドの詩人・随筆家。ジョナサン・スウィフトやアレグザンダー・ポープといったイングランド、アイルランドの文人たちと親しく交わった。「死についての夜想」は十八世紀「墓地派」の詩の先駆けともいわれる。ここではラテン詩が挙げられているが、彼には「書物の蟲」という英詩もある。

カトゥッルス★の雀を、かのレスビアを、
汝が我より連れ去った。

続けて、

汝の飽くなき食欲をもて
貪《むさぼ》られたりし数多《あまた》の賢人、
我は彼らに何をか言わん？

いっぽうプティは明らかにこの、彼の言葉では「見えない者ども」に対する反感に突き動かされており、自分の小さな敵に向かって「大胆不敵な生きもの」とか「紙片の害虫」と呼びかけている。

だが一般に、詳細な伝記よりも肖像画のほうが先に出回るもので、好奇心の強い読者諸賢は、昔から様々な人間を悩ませてきたこの「大胆不敵な生きもの」とはそもいかなる形をしているのか知りたいと望まれるかもしれない。

★ガイウス・ヴァレリウス・カトゥッルス（前八四〜五四頃）　ヴェローナ生まれのローマの抒情詩人。口語を多く取り入れつつ、極めて私的な題材で詩を書いた。前六〇年ごろにクローディアという女性と恋に落ち、二十六篇におよぶ詩によってその出会いから別れまでを歌っているが、その中で彼は恋人を「レスビア」と呼んでいる。またクローディアは雀を飼っていたとされ、その死にあたっての嘆きもカトゥッルスは詩にしている。

ところがいざ始めてみると、深刻でしかもカメレオンのように変幻自在な困難が待ちうけているのだ。もし著述家の言を真に受けるなら、その書き手の数ほど多種多様な、大きさも形もそれぞれ異なる紙魚が存在することになってしまうからだ。

『詩の作法』の中でシルヴェスター★は、機知よりも言葉の方をより多く費やしてこう描写している。「ページ上でのたくる小さな生きもの。発見されると身をこわばらせ、ひと筋の埃のようになる。」

もっとも早くにこの虫に言及しているのは、一六六五年にR・フック★がロンドンで出版した二つ折版『微細図譜《ミクログラフィア》』である。ロンドン王立協会が費用を負担したこの本は、筆者が顕微鏡で観察した無数のものの記録である。筆者のしばしばとても精確な考察が面白いだけでなく、同じくらいよく見られる大間違いもまた楽しい。

紙魚についての彼のだいぶ長くて非常に細かい解説は、馬鹿馬鹿しいほどの間違いだ。彼がいうには「銀色がかった白い筒状の虫で、本や紙の中に寄生しているのをしばしば見かける。書物の本体や外装を腐らせ、また喰い破

★ジェイムズ・ジョウゼフ・シルヴェスター（一八一四〜九七） 英国の数学者。三次方程式の判別式を発見した。五十五歳で王立陸軍士官学校の数学教授の席を退任した彼は、一八七〇年になぜか『詩の作法』を出版している。

★ロバート・フック（一六三五〜一七〇三） 英国の科学者・発明家。一六七八年に弾性に関する「フックの法則」を発見した。

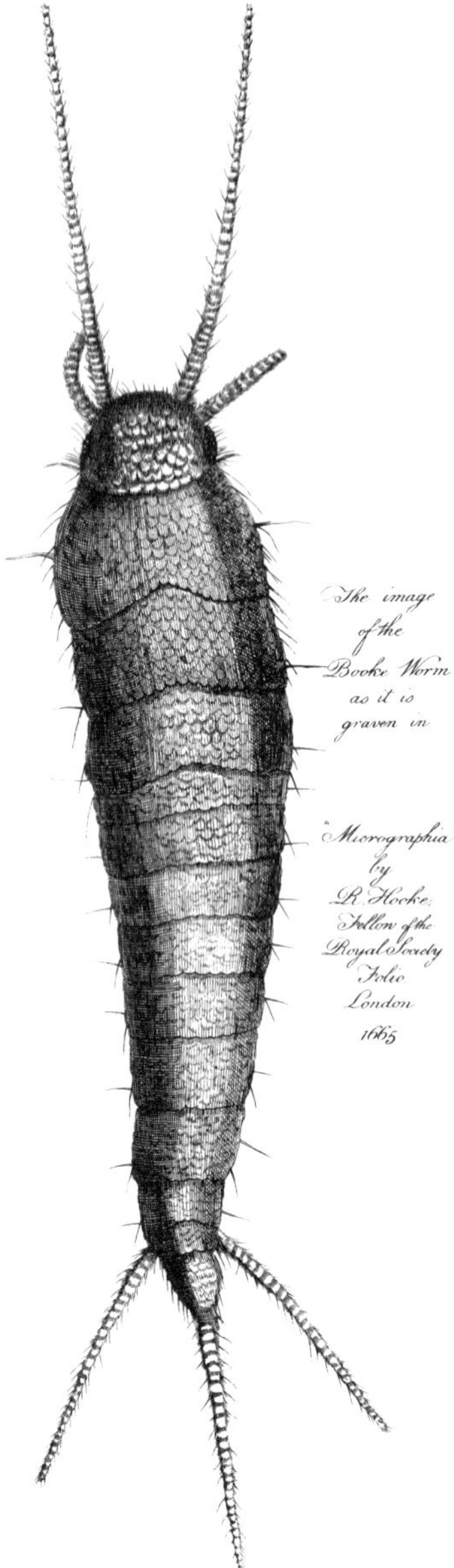
The image of the Booke Worm as it is graven in
"Micrographia" by R. Hooke. Fellow of the Royal Society Folio London 1665

『微細図譜』に拠る
紙魚の拡大図
〔1880年版より〕

って穴をあけるのはこの虫であると考えられている。頭部は大きくて丸く、身体は尻のほうへ向かってすぼまっていてまるで脱字記号（∨）のような形になっている。（中略）また頭部には先のほうにいくにつれて細くなるまっすぐな触覚がついている。触覚は節こぶ状で毛が生えており、湿地に見られるトクサによく似ている。（中略）尻の側には頭部の二本の触覚に極似した三本の尾がついている。足の表面はうろこ状で繊毛あり。おそらくこの生きものは紙ならびに本の装丁を餌とし、小さな丸い穴をいくつかあける。古紙を作るにあたってはしばしば麻や亜麻の皮をこすり洗って仕上げて乾かすという工程を何度も繰り返すわけだが、もしかするとこれをちょうどよい栄養源と見なしているのかもしれない。この小さな生物（これもまた『時』の鋭い歯のひとつである）がいかに大量のおがくずや木っ端を体内に取りこむかということを考えるにつけ、天の配剤なるものの妙を思って感心せざるを得ない。自然は生きもののうちに炎をともす。そして燃料が胃に運ばれて肺の空気によって燃やされ、その炎を絶えず育んでいるのだ。」この描写に添付された図像は目にするのも楽しい。王立協会員R・フックは、どう考えてもある程度自分の想像に頼ってこの描写をしたにちがいない。明らかに図版とその説明は彼の内面から出てきたものだ*。

昆虫学者たちのほうでは、この「いも虫」の自然誌にさほどの注意を払ってはこなかったようだ。カービー★がいうには、「クラムブス・ピングイナーリスの幼生は繭のようなものを紡ぎあげ、それを自分の排泄物で覆う。この虫は少なからぬ被害を与える」。そしてまた、「小さな蛾の幼虫がしめった古書の中に住みついて破壊の限りをつくし、近年の愛書狂ならばその目方ぶんの金を支払うような、貴重な初期印刷本をこの世から奪い去っていくのを何度も見かけたものだ」云々。

さきに引用したドラストンの描写はひじょうに曖昧で、彼にとっての紙魚はあるいは「働き者の虫」であり、あるいは「苛立たしい小者」である。ハネット★の製本についての著作では「アグロッサ・ピングイナーリス」が正式な名称であるとされるが、ガティ夫人★の『寓話集』はこれを「ヒポテネームス・エルディトゥス」と呼んでいる。

ヘレフォード大聖堂の図書館で本の虫にたいへん悩まされた経験のある

*（原註）そうではなかった！　何人かの方からいただいた手紙によれば、フックが解説しているのは明確に「レピスマ」であるという。これは特に害のある虫ではないものの、古い家、とくに少々湿気があるところによく見られる。フックはこれを紙魚と取り違えたのである。

★ウィリアム・カービー（一七五九〜一八五〇）　英国の昆虫学者。一八一五年から二六年にかけて、『昆虫学入門』を出版した。一八一八年より王立協会員。

★ジョン・ハネット（一八〇三〜九三）「ジョン・アンドルーズ・アーネット」の偽名のもと『ビブリオペギア』（一八三五）という製本に関する書物を出版した。

★マーガレット・ガティ（一八〇九〜七三）　英国の児童文学者。小品集を発表するいっぽう、個人的に科学、特に植物学に傾倒する。『大自然からの寓話集』は一八五五年に出版。

F・T・ハヴァゴル師★によれば、「これは粉茶立虫の一種で固い外殻を持ち、暗褐色をしている」という。「白い身体で頭部には茶色の斑点がある」種もあるそうだ。ブルクハルト★によってカイロから運び出され、現在ケンブリッジ大学図書館に収蔵されているアラビア語の写本が、アノビウム・パニケウムなる虫によってたいへん損なわれていると、一八七〇年の『ノーツ・アンド・クィアリー』誌にホルム氏が報告している。正しい学名は「アカルス・エルディトゥス」だとか、いや「アノビウム・ペルティナクス」であるとかいう人々もいる。

私個人はそれほど多くの実例に出会ったわけではない。それでも、いろいろな図書館員から教えてもらったり推論を重ねてみた結果、以下のようなあたりが本当のところなのではないかと今は思っている。

本を喰う芋虫や地虫には数種類あって、脚があるものは蛾の幼虫、脚のないもの——というより原始的な脚のあるもの——は甲虫の幼生である。

本だけを主食に何世代にもわたって生き延びていける芋虫・地虫があるのかどうかは知られていない。だがある種の木喰い虫や、くず野菜を食べる虫

★フランシス・テブズ・ハヴァゴル（一八二九〜九〇） 英国の聖職者。ヘレフォード大聖堂の主教座聖堂名誉参事会員を務めた。ブレイズの友人で、『ヘレフォード暦』（一八六九）などの著作がある。

★ヤーコプ・ブルクハルト（一八一八〜九七） スイスの文化史家。ルネサンス文化の研究によって知られる。著作に『イタリアにおけるルネサンスの文化』（一八六〇）などがある。

は紙にも攻撃をかける。とりわけ製本屋が本物の木の板で表紙を作っていた時代には、まずそれに惹かれて書物に巣くった。この説を奉じる田舎の図書館司書の中には、近隣の森からこの敵が飛来して卵を産みつけたりしないように、図書館の窓を開けるのに反対している人たちもいる。確かに、ハシバミの木に開いた穴や蒸れ腐れて穴ぼこだらけになった木片を目にしてみれば、この虫の形をした敵が作る穴とよく似ていることにすぐ気づくことだろう。

紙を喰う虫には以下のものがある。

その一、アノビウム種。この甲虫の異種としては、アノビウム・ペルティナクスとアノビウム・エルディトゥス、アノビウム・パニケウムが挙げられる。幼生の状態では、よくクルミの中でみつかるような地虫の形をしている。見た目は互いにほとんど一緒なので、この段階でそれぞれの種の区別をつけるのは難しい。これらは乾いた木材を主食とし、しばしば本箱や書棚に寄生している。古い書物の表紙となっている木の板をまず喰いすすんでから紙の部分に侵入し、本のページにまん丸の穴をあけるわけだが、斜めに喰いすすんだときはその限りではない。この場合、穴は楕円形になる。このようにし

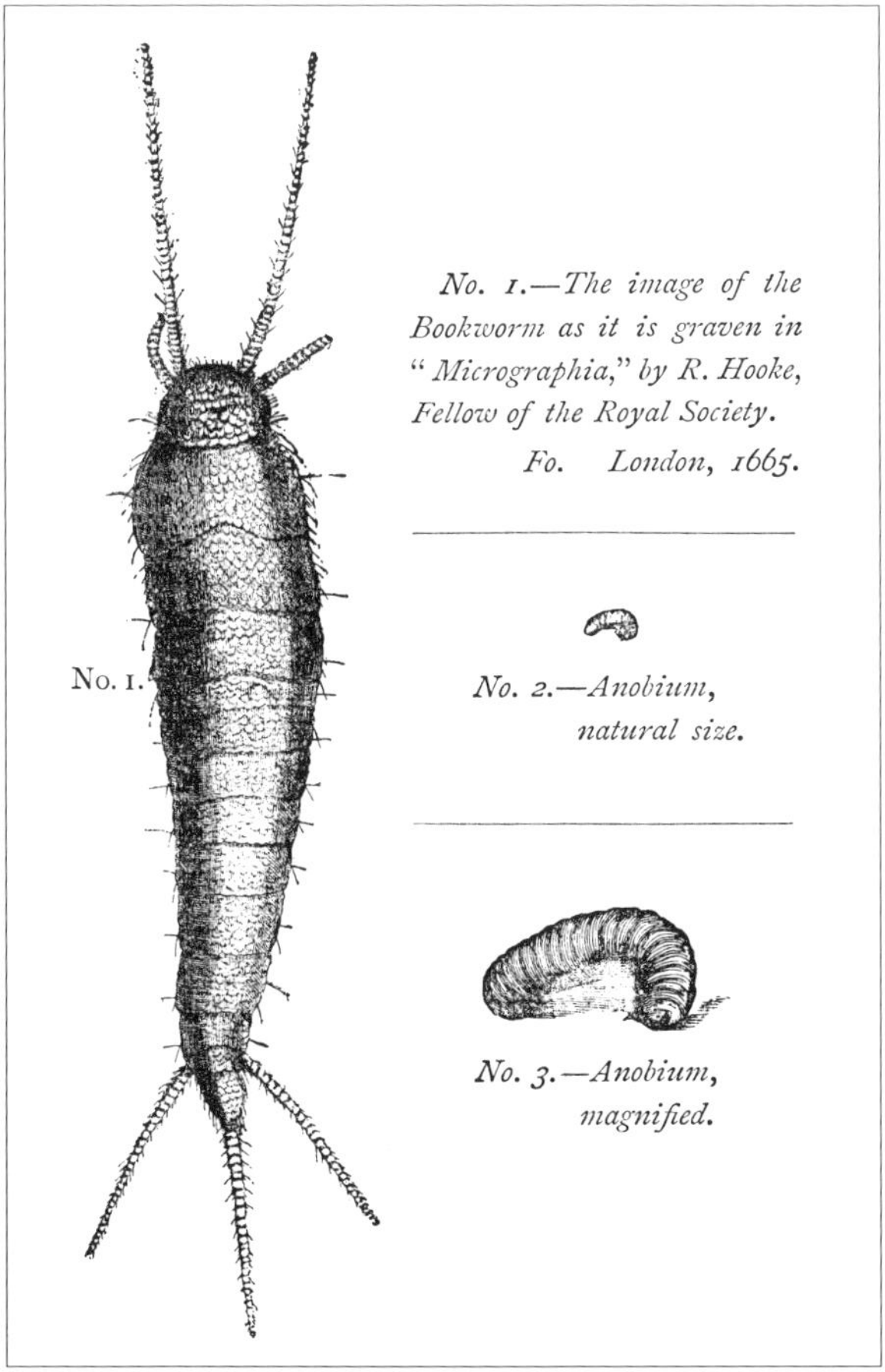
No. 1.—The image of the Bookworm as it is graven in "Micrographia," by R. Hooke, Fellow of the Royal Society.
Fo. London, 1665.
No. 1.
No. 2.—Anobium, natural size.
No. 3.—Anobium, magnified.

紙魚さまざま
〔1888年版より〕

て書物を何巻も続けて喰いやぶることもある。高名な書誌学者のペニョー★は、実に二十七巻もの本が一匹の虫によって一直線に貫かれているのを発見したことがあるそうだ。まったく奇跡ともいうべき意地きたなさではあるが、私としてはこの話は少々割り引いて受け取ることにしたい。しばらく経つと幼虫はさなぎとなり、ついで小さな甲虫となって姿をあらわす。

その二、オイコポラ種。幼虫の大きさはアノビウム種の幼虫とほぼ同じ。しかし脚があるので一目で違いが分かる。胸部に六本の脚、胴部に八つの吸盤のような突起を持つ芋虫で、蚕に似ている。さなぎを経て小型の茶色い蛾として成虫となる。書物に襲いかかるのはオイコポラ・プセウドスプレテッラという種で、湿った暖かいところを好み、繊維質のものなら何でも口にする。この種の芋虫は庭で見かけるものとはだいぶ異なり、脚を除いては見た目も大きさもアノビウムに極めてよく似ている。体長はおよそ一インチ半(三・八センチ)、頭部には触覚と強い顎がある。どうやら印刷用インクや書き物用インクを嫌いではないらしいが、前者は私の見るところ、さして頑健ではない個体にとっては体に悪いようだ。というのも、私が目にしたことの

★エティエンヌ・ガブリエル・ペニョー(一七六七〜一八四九) フランスの書誌学者。書籍商より身をおこし図書館司書となった彼は、書物に対する愛好心を広めるのに多大な貢献をした。代表的著作は『死の舞踏に関する歴史的・文学的研究』(一八二六)。

ある虫喰い穴は、幼虫の成育に十分な量の食糧を提供できそうなほど長いものではなかった。だが、たとえインクが身体に悪かったとしても生き残った幼虫はたくさんいたし、夜となく昼となく暗がりで密やかに紙を喰いつづけ、それぞれの体力に応じた長さの穴を書物に残して天寿をまっとうしている。

一八七九年の十二月に、ノーサンプトンの製本屋であるバーズオール氏がわざわざ郵便で丸々と太った小さな虫を送ってくださった。工房の作業員が古い本を製本している最中に見つけたものだという。この虫は長い旅を立派に耐えしのんだようすで、包みから取り出したときもとても元気そうであった。私はそれを、キャクストンの印刷になるボエティウスの紙片と、十七世紀の書物の零葉とともに箱に入れ、静かで暖かいところに置いて飼ってみることにした。しかし紙片をほんのわずか喰いはしたものの、空気が新鮮すぎたせいか、手に入れた自由に体が慣れなかったせいか、はたまた食糧が変わってしまったためかは分からないが、徐々に弱っていき、三週間ほど経ったころに死んでしまった。成虫になったところを見てどの種類の虫であるのか確認したかったので、これは残念な結果だった。この虫が死ぬ直前、大英博物館昆虫学部門のウォーターハウス氏★がわざわざ調べてくださったのだが、そのお話ではこれはオイコポラ・プセウドスプレテッラであるとのことである。

一八八五年七月には大英博物館のガーネット氏★より、アテネから届いたばかりの古いヘブライ語聖書注釈集の中から見つかった二匹の虫をいただいた。その旅程でだいぶ揺さぶられたと見えて、うち一匹は私が受けとった時にはすでに瀕死の状態にあり、数日後、さきに身罷《まか》った親族のあとを追った。だがもう一匹は健康そうで、十八ヶ月近くものあいだ生き長らえた。私は知るかぎりの知識をもってこの虫を取りあつかった。餌として三種類の古紙を精選して一緒に箱のなかに入れ、あまり煩わせないようにしたのだけれども、どうやら幽閉の憂き身にご立腹だった模様で、餌もあまり食べなければほとんど動きもせず、死ぬ頃になっても体の形状すらたいして変わってくれなかった。ギリシア生まれでヘブライ語の知識を身体に詰めこんだこの虫は、私が今までに見たことのある虫とはさまざまな点で異なっている。体長は普通よりも長く、もっと細身で、イギリスに生息する同種の虫より見かけは繊細

★ジョージ・ロバート・ウォーターハウス（一八一〇～八八）　英国の自然学者。ロンドン昆虫学協会の名誉主事および会長を務めた。甲虫の専門家。大英博物館では自然誌部門の鉱物学・地質学分科（のちに地質学部門）の主任であり、ブレイズの言うように昆虫学部門に所属していたわけではなかったようである。

★リチャード・ガーネット（一八三五～一九〇六）　英国の文人。一八五一年より大英博物館に勤務しはじめ、七五年に印刷本副部長となる。八一年より大英博物館図書総目録の編集を手がけたが、九〇年に印刷本部長に任じられるにおよび、この仕事の完成を後任にゆだねた。父のリチャード（一七八九～一八五〇）も同博物館の印刷本副部長を務めた。ロンドン書誌学会の会長職にも就任し、『書物の敵』一八九六年版の序文も寄せている。

であった。身体は薄い象牙のように透きとおっていて、おそらく消化管であろう黒っぽい筋が見えていた。ずいぶんとしぶとく生き長らえたのだが、成体になるのをを心待ちにしていた飼い主に「深く悼まれつつ」この世を去った。

こういった虫を育てるのが難しい理由は、おそらくその形態にあるのだろうと思う。通常の状態であれば、体表で穴の内側をかきわけながら身体を延ばしたり縮めたりすることで、尖った顎の先端を紙の固まりにしっかり圧《お》しあてることができる。ところがそういった拘束――虫たちにとってはまさしく生命の源といえよう――がなくなると、食糧に囲まれていようが何だろうがそれを食べるのはどだい不可能だ、ということになる。なにせ身体をしっかり支える脚もなく、どうにかする方策を生まれつき持っていないのだから。

大英博物館所蔵の大量の古書を調べてみると、そこの本は驚くほど虫とは無縁であることが分かる。先年まで印刷本部長を務めていらしたライ氏が私宛てにくださった手紙にはこうある。「私の任期中に二、三匹見つかっていますけれども、どれも弱々しい生きものでした。たしかそのうち一匹を自然誌部門のアダム・ホワイト氏★のところに持っていったことがあるはずです。氏によればこの虫はアノビウム・ペルティナクスだったそうですが、その後どうなったのかは耳にしていません。」

古い図書館を利用したことのない読者の方は、これら書物にたかる虫たちがどんなに恐ろしい災害をもたらすことがあるか、ご想像にもなれないだろう。

いま私の目の前に、一冊の二つ折版の書物がある。一四七七年、写真用フィルムほどもある分厚い良質の無漂白紙に、マインツのペーター・シェファー★によって印刷されたものだ。長年ほったらかされていた間に例の「虫」から手ひどい損害を受けたのだが、不幸なことに「新しい装丁が必要だ」と考える人々が五十年ほど前にいたおかげで、今度は製本屋の手によって再びひどい被害を受けることになってしまった。そういったわけで元々どのような表紙であったかはすでに分からないものの、中のページにどのような損傷が与えられたかについては精確に記述することができる。

「虫」たちは書物の初めと終わりの双方向から攻撃を加えている。第一ペ

★アダム・ホワイト（一八一七～七九）英国の自然学者・昆虫学者。一八三五年より大英図書館の動物学部門に勤務していたが、精神失調を理由に六三年に退職している。

★ペーター・シェファー（一四二五頃～一五〇二）　ドイツの印刷業者。活版印刷を発明したヨハン・グーテンベルクとその共同経営者ヨハン・フストの協力者。フストの娘婿となり、印刷所を引き継いだ。一四五七年に、初めて印刷者名と印刷月日を明記した『マインツ詩篇』を発刊する。

ージ目には二百十二個のはっきりそれとわかる穴が、針先くらいの小さいものから太い編み棒くらいの大きなものまで様々な大きさで開いている。だいたい十六分の一インチから二十三分の一インチ（一・六〜一・一ミリ）くらいだろうか。これらの穴のほとんどが、表紙からほぼ直角に掘りすすまれていて、斜めに喰いやぶられているおかげで被害は三枚から四枚分、といった例はほとんどない。それぞれの虫がどのくらい元気であったかは次の表からお分かりになるだろう。

葉	穴の数
一	二一二
一一	五七
二一	四八
三一	三一
四一	一八
五一	六
六一	四

七一	二
八一	二
八七	一
九〇	〇

紙がしっかりしているため、この九十葉でおよそ一インチの厚さになる。

一巻は全部で二百五十葉、ひっくり返して反対側から見てみると、最後のページには八十一個の穴がある。こちらの虫はそれほど貪婪《どんらん》ではなかったようで、こんな感じになっている。

葉（後ろから）	穴の数
一	八一
一一	四〇
六六	一
六九	〇

初めのほうでは穴の数の減り方が早いのに対し、後ろにいくにつれてそれぞれがしぶとくなっていることが分かって面白い。一つの穴をたどってページを次々に繰っていくと、突然あるページで穴の直径が半分になり、さらにその次のページの表面、ちょうど穴が続いているはずの場所に、よく見るとわずかな擦り傷が残っていたりする。ここで例としてあげた本では、ちょうど競争が行なわれているかのような様相を呈している。最初の十葉で弱者がうしろに置いていかれているが、次の十葉にはまだ四十八匹の虫が残っている。次の十葉でこれが三十一匹に減り、その次の十葉には十八匹を余すのみとなる。第五十一葉までついてきているのはわずか六匹、うち二匹は第六十一葉までのあいだに棄権した。第七十一葉までにはレースは不屈の健啖家二匹による接戦となり、片方は楕円形の、もう一方はまん丸のはっきりとした大きな穴を作っている。第七十一葉、そして第八十一葉でもまだ白熱した戦いを演じているが、第八十七葉で楕円形のやつがついに屈し、勝者のほうはさらに三葉を喰いすすんで四葉目の途中まで達した。ここから後には虫喰いはなく、後ろから数えて六十九葉目に再び穴が一つあらわれる。以降その数は裏表紙に向かってどんどん増えていっている。

　この例はたまたま手元にあったから挙げたまでで、この本に巣くっていたものより長い穴をあける虫はたくさんいる。表紙から何から数巻まとめて喰い破っているものも見たことがある。ここで挙げたシェファーの本は表裏の表紙側からやられて中央部が残っているから、たぶんアノビウム・ペルティナクスの仕業だろう。もともとこの巻の表紙には木の板が使われていて、虫の攻撃はまず間違いなくここから始まり、紙の部分へ進んでいったのだと思われる。

　一八五八年、初めてボドリー図書館を訪れたときのことは今でもよく覚えている。当時はバンディネル博士★が館長を務めていた。私はそこの素晴らしいキャクストン印刷本コレクションを調査しに行ったのだが、博士は親切にもあらゆる便宜を図ってくださった。長年抽斗《ひきだし》にしまいこまれていた初期印刷本零葉の束を検分していたとき、たまたま小さな地虫と出くわした私は、ためらいもなく床に投げ捨てて踏みつぶしてしまった。その直後にはもう一匹、体長半インチほどのつやつやと太ったやつを見つけ、今度は小さな紙箱

★バルクリー・バンディネル（一七八一〜一八六一）　英国の図書館司書。一八一三年よりオクスフォード大学ボドリー図書館長となって精力的に活動した。彼の就任の年には、書籍の購入額がほぼ三倍に跳ね上がったという。ボドリー図書館は彼の運営の下、エドマンド・マローン旧蔵書やフランシス・ダウス旧蔵書の収蔵や、図書館総目録の出版を行なった。

のなかに慎重にしまいこんだ。この虫がどんな風に成長していくのか観察しようと思ったのである。バンディネル博士が近くにやってきた際に、私はわが珍品をぜひ見てくれと声をかけてみた。ところが私がこののたうちまわる小さな獲物を革張りの机の上にころりと出すやいなや、彼の大きな親指の爪が彼の上に襲いかかり、私の全ての望みの墓標としてただ一インチばかりの染みを残した。この偉大なる書誌学者は外衣の袖で親指を拭きながらひとことこう言った。「ああ、そうそう。頭が黒いやつもたまにおりますな。」これは昆虫学者にとってはちょっとした知識だ。わが小さな紳士は固くてぴかぴかした白い頭をしており、私個人は今に至るまで黒い頭部を持つ紙魚は一度も見たことがない。ひょっとするとボドリー図書館にはすごい数の初期印刷本があるために、紙魚の種類にもいろいろあるのかもしれない。いずれにしても、このときの虫はアノビウムであった。

「紙を喰う」虫を「紙」箱に入れておけると考えるなんて馬鹿げていると、私は今までひどく「冷やかされて」きたものだ。ああ、この評論家たちときたら！　あなた方が相手にしているこの虫は引っ込み思案な怠け者だから、自分の住処から「追い立てられて」から数日の間はたいして食欲がないものなのだ。さらに言えば、彼らは威厳というものをとても大事にしているので、紙箱の材料になっているような「混ぜ物」ありの安っぽいつやつやしたメモ用紙など食べようとはしない。

さきに挙げたキャクストン版『聖母伝』★にはたくさんの小さな虫喰い穴があるばかりではなく、ページ下部にとても大きな溝がいくつかできている。ひじょうに珍しい例で、おそらくデメステテネス・ウルピヌスの幼虫の仕業だろう。これは庭でよく見られる甲虫なのだがとても食い意地が張っていて、乾いた木のくずなら何でも食べてしまう。

今世紀には虫の食糧に適した本が少ない、ということは前に述べた。現代の紙は混ぜ物がとても多いため、結果として紙魚が手を出さなくなっている。紙の繊維によく混ぜられている陶土や漂白剤、パリの石膏、重晶石から採れる硫酸塩といったものについては、本能がそれを口にするのを禁じているようで、今までのところ古き学問について語る博識のページ諸君は、時の魔の手を逃れんとする競争においては現代のゴミのような書物に対してきわめて

★キャクストン版『聖母伝』　九〇ページ図版を参照。英国の詩人ジョン・リドゲイト（一三七〇頃～一四四九）の作品で、キャクストンはこれを一四八三年に印刷している。

分が悪い。近年は古書への興味がひろく高まっているために、虫たちにとってはつらいご時世である。生きていくのにぜひとも必要な、あの静寂のなかで放っておいてもらえる環境を見つけるのは実にむずかしい。だからこそなおのこと、ちょうどジョン・ラボック卿★がアリについてやったように、せめて幾人かの昆虫学者が、機会を見つけては辛抱づよく紙魚の生態を研究すべきなのだ。

いま私の前には、英国最初の印刷家、やりくり上手なキャクストンが反故《ほご》紙を何枚か貼りあわせて書物の表紙として使ったものが置いてある。当時の糊が気に入ったのか、それとも他の理由があるのかは分からないが、ここに侵入した紙魚はいつものように書物の中央部までまっすぐ喰いすすむことはせずに、表紙の中を縦に移動して大きな溝を作り、最後まで装丁の中にとどまっている。この溝ときたらほんの数枚の紙からできた表紙に実にしっかりと刻まれていて、ぼろぼろ壊れないように一枚ずつめくるのは非常に困難だ。

こういった被害は確かにじゅうぶん困りものではある。だが穏やかな気候のおかげで、わが国にはもっとずっと熱い国々に見られるような敵がいない

★ジョン・ラボック（一八三四〜一九一三）　イギリスの銀行家・政治家・自然誌家。初代エイヴバリー男爵。ロンドン大学副学長などを務めた。考古学や昆虫学の一般向け科学書で知られる。

という点については、とてもありがたいことだと思わなくてはなるまい。そのような国では図書館から本、書棚、小卓、椅子やその他すべてのものが、アリの大群によって一夜にして壊滅させられることがあるのだ。

われわれの従兄弟《いとこ》とも言うべきアメリカ人たちはいろいろな点で幸せ者であるけれども、虫についてもまた幸運であるようだ。なぜといって、彼らの書物は紙魚に攻撃されないからだ──少なくともアメリカ人の著者はみなそう書いている。彼らが所有する初期印刷本はすべてヨーロッパから渡ったものので、多額の金がかかっているからよく管理されている、というのは本当だ。だが真正で安全な紙に──ただしローマン体で──印刷された合衆国生まれの十七・十八世紀の書物だって大量にある。少なくとも我が国では紙さえ良質であれば、虫どもは印刷の書体については選り好みしないものなのだが。

たぶん、だからこそアメリカの古い図書館の管理者たちは、われわれとは異なった話を語ることができたのだろう。そのお蔭でリングウォルト★がフィラデルフィアで編纂・印刷した、かの素晴らしい『印刷百科事典』はますます面白いものになっている。これによれば、アメリカでは個人的に紙魚を見

★ジョン・ルーサー・リングウォルト
詳細は不明。『アメリカ印刷百科事典』（一八七一）を編纂した。

たものがほとんどおらず、存在を知られていないばかりか、もしちょっとでも虫喰いの被害があったりすると珍奇な例と見なされるという。ディブディンを引いたあと、リングウォルトは自分の空想をまじえながらこう言っている。「紙を食べるこのたぐいの蛾は、豚皮の装丁にいたものがオランダからイングランドへ移入されたのだと考えられている。」彼の締めくくりの言葉は、紙魚の被害を受けた本を何百冊も見たことのある者の目からすると、アメリカらしく素朴で微笑ましい。明らかに紙魚をとても珍しいものと考えている彼が言うには、「現在フィラデルフィアのある個人蔵書に、この虫によって穴を穿《うが》たれた本が所蔵されている」とのことだ。フィラデルフィア住人のなんと幸運なことか！　ここには誇るべき合衆国最古の図書館があるにもかかわらず、街じゅうにただ一つの虫喰い穴を見ようと思ったら、一人の書物蒐集家の許しを請わねばならないというわけだ！

第七章

害獣と害虫の饗宴

紙魚以外に書物の敵としてここで述べるに値する虫がいるとは思われない。家庭によく見られる黒い甲虫、つまりはゴキブリが我が国に輸入されたのはつい最近のことなので、とくに床に置かれた本の装丁を時おりかじるほかには、書物には大した損害を与えていない。

しかしアメリカのいとこ連はわれわれほど運に恵まれていないようで、一八七九年の『ライブラリー・ジャーナル』九月号に、ニューヨーク各地の図書館の布装丁がことごとく小さな恐るべき害虫の被害にあったとの、ウェストン・フリント氏による報告が掲載されている。これは小型の黒い甲虫あるいはゴキブリで、科学者に「バラッタ・ゲルマニカ」、一般人には「チャバネゴキブリ」として知られているものだ。英国の家庭に見られる種は台所をその住処とし、暗いところに慎みぶかく静かに暮らしているが、こちらの発育不全で平べったいゴキブリはそれとはだいぶ違う。通常の英国種の半分くらいの大きさで、体格で足りない分をずうずうしさで補っていると見え、光があたろうが音がしようが、人が来ようが獣が近づこうが一向に怖れる様子がないのだ。一五五一年刊の古い英訳聖書★では、詩篇九十一章五節に「夜にはいかなる虫も怖るる事なかれ」とあるけれども、夜となく昼となく虫を恐れつづけている西洋の図書館員たちがこの一節に耳を貸すことはない。虫というものは真昼間からどこでも這《は》いまわり、自分の住処と定めた書棚の隅から隅まで群がって駄目にしてしまうものだ。粉状の殺虫剤というものもあるが、これは書物や書棚には実によろしくない。とはいえ昆虫類にはきわめて有効だし、虫がわずかでも不調の兆しを見せるやいなや、貪欲な仲間によっ

★一五五一年の古い英訳聖書　英語による最古の完訳聖書はマイルズ・カヴァデイル（一四八八?～一五六九）による一五三五年のものであるが、その第二版が出版された一五三七年に「マシューの聖書」と呼ばれる英訳聖書が世に出ている。これは聖書の一部の英訳を初めて印刷に附したウィリアム・ティンダル（一四九四頃～一五三六）の原稿を、友人のジョン・ロジャーズ（一五〇〇頃～五五）がトマス・マシューズの偽名の下に編纂したものとされる。この「マシューの聖書」の最後の版が一五五一年に出版された。なお、ブレイズが引用している部分は現行の聖書では「夜、脅かすものをも／（中略）恐れることはない」となっている（新共同訳『聖書　旧約聖書続編つき』日本聖書協会、一九八七年）。

★リチャード・オーウェン（一八〇四～九二）　英国の解剖学者・古生物学者・分類学者。一八五八年より王立研究所の教授を務めるなど、十九世紀英国の生物科学界の中心的存在で、多種

てまるで新鮮な糊でできてでもいるかのようにあっという間に喰われてしまうから、これを目の当たりにして少しは気が晴れるかもしれない。

放置された書物の背には、しばしば小さな銀色の虫（レピスマという）を見かけることがあるけれど、大した被害を与えるものではない。

魚の鱈《たら》もまた学問にとって大きな脅威とは考えられまい。ただしそれがローマ教会に忠誠を誓っていれば別だ。かの驚くべき食書魚（オーウェン教授★、申し訳ありません）は一六二六年、新教の殉教者であるジョン・フリス★が著した三篇の清教徒擁護論を丸のみにしている。そのような食事の後では彼がすぐに捕獲され、文学史上に高名となったのも驚くにはあたらない。この事件の際に出版された小さな本の表題はこうなっている。『魚の声、あるいは三篇の論文を体内に納めたる書物魚について――これらの論文は西暦一六二六年夏至祭前夜にケンブリッジの市場にてさる鱈の腹中より見出された』。ラウンズ★は言う（「リチャード・トレイシー」の項目を見よ）、「この書の出版にあたってケンブリッジは大いなる驚愕に包まれた」。

しかし以下にのべる逸話が示すように、大小のネズミは時として非常な危

多様な生物の分類を作った。一八四二年には「恐竜類」を命名している。ここでブレイズは、「食書魚」などという勝手な分類を作り出したことについて、この分野の権威に許しを求めているのである。

★ジョン・フリス（一五〇三～三三）　宗教改革に傾倒した英国の人文主義者。弾劾を逃れて、アントワープおよびマールブルクに暮らす。この逃亡期間中にウィリアム・ティンダルと出会い、祖国イギリスの魂の救済のために新教の布教に勢力を傾けた。一五三二年七月に帰国するも、その年末には異端者として投獄され、翌年七月に処刑された。

★ウィリアム・トマス・ラウンズ（一七九八頃～一八四三）　英国の書誌学者。一八三四年に『書誌学者のための英文学便覧』を出版した。英文学の包括的書誌としては最初のもので、その質も高かったが、彼に名声や富をもたらすことはなかった。

書物をかじり取るネズミ
〔1888年版より〕

害を与えることがある。二世紀ほど昔のことだ。ウェストミンスター聖堂参事会および参事会長の蔵書は参事会館に収蔵されていたのだが、会館の修繕が必要となったので、書籍は書棚内に残したまま建物内部に足場が組まれた。すると足場の柱を差しこむために壁に穿《うが》たれた穴の一つに、つがいのネズミが家族の住処を構えたのである。彼らは図書室に降りていっては様々な書物のページをかじり取ってきて、ここに自分たちの子供の巣をこしらえた。この小さな家庭はとても居心地がよかったのだが、ある日ついに大工たちがその仕事を終え、足場の柱を取り去り――ああ、かわいそうなネズミたち！――煉瓦とセメントで穴をふさいでしまった。父親と母親、そしてその五匹だか六匹だかの子供たちは生き埋めにされて間もなく息を引きとり、その亡骸と巣が発見されたのはつい数年前、参事会館の修復がおこなわれ、足場の柱のために彼らの墓がふたたび暴かれた時であった。ネズミたちの骨と紙片でできた巣とは現在、ガラスの箱に入れられて会館に保存されており、断片のうちにはキャクストン工房で印刷された本から取られたとされているものもある。この情報自体は誤りなのだが、エリザベス女王の木版画入り祈禱書（一五六八年）など、ウェストミンスター修道院図書館には所蔵されていないようなとても早い時期の印刷本の断片が含まれているのは確かである。

私の友人が次のような出来事について書き送ってくれた。「我が家を囲む木々に、何年か前からネズミが巣を作り、そこからどこか屋根の平らな部分に飛び移って、煙突を通って私が本をしまっている部屋に入ってくるようになりました。背表紙に羊皮紙を使っている本の多くと、全体が羊皮紙で装丁されている本六冊ばかりが、やつらによって完全に駄目にされてしまいました。」

別の友人が教えてくれたところによると、デヴォン州・エクセター州立研究所付属自然誌博物館には、「仔牛皮・ローン皮★の装丁に強い愛着を示す、学名をニプトゥス・ホロレウコスという小さな害虫」の標本があるという。彼がつけ加えていうには、「これと近縁で、トミクス・テュポグラプスなる尊名を拝している恐るべき虫のことはご存知でしょうか。これは十七世紀にドイツで痛ましい被害を惹きおこし、かの国の古い祈禱書では正式に『トル

★ローン皮　モロッコ皮の代用として使われる柔らかな羊皮。

コ虫』なる俗名で呼ばれています（カービーとスペンス★の第七版、一八五八年、一二三ページをご覧ください）」。興味深いお話である。テュポグラプス・トミクス、つまり「切り裂き印刷屋」が（価値ある）本にとっては恐るべき敵であることは聞いていたが、この逸話は初耳だった。だがこの件については深入りするのは止めておこう。

ケンブリッジ大学の音楽博士であるW・J・ウェストブルック氏からは、私がじかには見たことのない被害について、このような情報をいただいた。

ブレイズ君、こんにちは。こちらに通常のイエバエによる「敵」意の一例を送らせていただきます。こいつは紙の背後に隠れ、何らかの腐食性の液体を分泌してから世を去りました。こういった「穴」の中にこのハエどもがいるのを、私は何度も見たことがあります。

一八八三年十二月三十日

これによってできた傷は楕円形をしており、白いふわふわした薄膜（菌類

★カービーとスペンス　ウィリアム・カービー（一七五九〜一八五〇）とウィリアム・スペンス（一七八三〜一八六〇）が一八一五年から二六年にかけて出版した『昆虫学入門』のこと。

だろうか？）に縁どられている。木版画で再現するのは難しいのだが、ここに挙げたものは原寸大となっている。

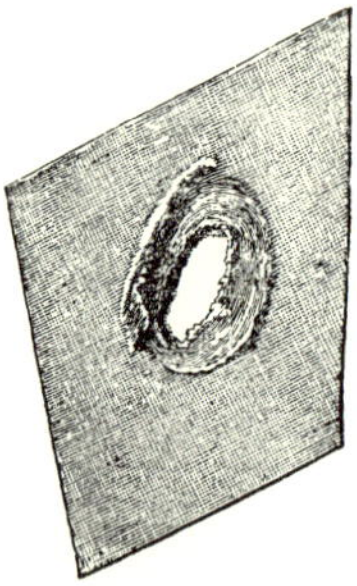

イエバエによる被害（原寸大）
〔1888年版より〕

第八章

製本屋の暴虐

第一章で製本屋も書物の敵のうちに含まれると述べたが、誰か怒れる製本屋が議論を逆しまにして印刷屋にその矛先を向け、やつらこそ書物の敵だと断罪したら、だいぶ手厳しい報復になるだろうと思うと空恐ろしい。印刷屋の罪の数々について、そしてまた彼らが不自然な手抜きによって自分の子供とも言える印刷物の寿命を縮めていることについて、くどくどと語るのは私の任ではない。古いことわざに「おのれの巣をけがす鳥は馬鹿な鳥」というけれども、それにも関わらずたくさんの現代の実例つきで、これについては面白い章が書けてしまうかもしれない。★私としてはこの話題を離れて、いまは製本屋がその無知と不注意によって、本に対してどんなに残酷にふるまったかを記録するにとどめたい。

人間と同様に、書物にも魂と肉体がある。魂の部分、つまり内容については取りあえずここでは関わりがないものとしよう。肉体――外形あるいは装丁からなり、これがなければ本の中身も使いようがない――が製本屋のもっぱら取りあつかう分野となっている。いわば、彼がそれを生み出すのだ。形と装飾を決め、病気になったり衰弱した際には治療をほどこし、死後に検死解剖をするのもまれではない。自然の摂理に従って、ここでも良い面と悪い面がともに見られるのが分かる。素晴らしく製本された書物を手にとるのは非常な喜びだ。ページがゆったりと完全に開き、さあ読めとあなたを誘う。あなたは本が背表紙から外れたりしないかと怖れることなくそれを手に取るのだ。「型押し」を見るのもまた楽しい。細かな配慮が芸術的な技量と一緒になっているのが隅々にまで感じられるからだ。表紙を開けば、内側にもま

★印刷屋の実例　言うまでもなく、ブレイズ自身が印刷業を営んでいた。

た同様に愛情深く注意が払われているのが分かる。その職人技はすべて本物で徹底しているのだ。じっさい、よい装丁というのは実によく書物を保存するもので、数多くの無価値な書物が、ただ外観が素晴らしいというだけの理由で長年だいじに保管される一方、見栄えがしないだとか製本の過程で受けた損傷だとかのために、真の財宝が哀れな結末や早すぎる死を迎えることも多々あるものだ。

製本屋がふるう武器のうち、もっとも致命的な一撃を書物に与えるのは「鉋《かんな》」である。余白がこれで削り落とされて、本の天と背表紙に対する版面の位置がおかしなことになったり、時には文字の部分すらも侵食する。こうして小さくされた結果、立派な二つ折版が四つ折版になったり、四つ折版が八つ折版になったりすることも珍しくない。

手がけ鉋を使用して角をなめらかに仕上げるためには、最近の切断機を使うよりもずっと多くの慎重さが製本屋には要求される。不注意な職人などは、余白が版面に対してちゃんと直角になるよう削れなかったことに気づいたりすると、締め金具にいま一度固定して「もう一削り」を書物にくれることがある。場合によってはさらにもう一削りもするだろう。

『神曲』の「地獄篇」でダンテ★は数々の死者たちに対し、その過去の罪によくみあった様々な責め苦を与えている。私は今まで、製本屋がその手に託された貴重な書物の汚れない紙面を手荒に扱い、その威厳や美観や価値を根こそぎ奪うのを目にしてきたが、もし私がこのけしからぬ者どもを裁かねばならないとしたら、こうして非情にも削り落とされた紙片を集めてきて燃やし、この無道な輩を弱火でゆっくりあぶってやることだろう。かつて、いまだ我々が印刷屋の生みだした遺産を正当に評価できなかったころならば、製本屋が当時一般に蔓延していた無知ゆえに道をあやまつのにも一片の言い訳があった。だが現在、古い書物の歴史的・骨董的価値がちゃんと認められている世の中にあっては、不注意な犯罪者を許してやるいわれは毛頭ない。

情報が隅々まで行きわたっている昨今、無知による脅威はまずもって過去のものとなったと思われるかもしれない。だが読者諸兄よ、そうではないのだ。いまだにそれは「心底より祈念さるる」結末★なのである。書物にまつわる本当にあった逸話をひとつご披露しよう。一八七七年、稀覯書のすばらし

★ダンテ・アリギエーリ（一二六五〜一三二一）　イタリアの詩人。フィレンツェに生まれる。彼の詩をもってイタリア文学は近代に入ったといっても過言ではない。長詩『神曲』（一三〇七〜一二）がその代表作。

★「心底より祈念さるる」結末　ウィリアム・シェイクスピア（一五六四〜一六一六）の『ハムレット』第三幕一場の、「生きるべきか死ぬべきか」で有名な、いわゆる第三独白からの引用。

いコレクションを相続したさる貴族の方が、そのうち（何冊かのキャクストン印行の本を含む）もっとも価値のある品を幾冊か、サウス・ケンジントンで開かれる展示会★に出品すると約束したのだが、それらの本の外見があまりにみすぼらしいということで、彼は自分が取ろうとしている行動の恐ろしさをよく知らずに、近隣の町に再製本に出すことにした。装いを綺麗にあらためた書物は速やかに返却され、閣下のお気に召すことひとかたならぬものであったという。ところが閣下の喜びは、ある友人によってこう指摘されたために、不幸にも水をさされることとなってしまった。友人いわく、確かに色あせた四隅が削り落とされ、十五世紀の筆跡を残す年ふりた空白ページも新品のきれいな遊び紙に取りかえられたけれども、もっとも低俗な側面──つまりは書物の市場価値──からこの結果を評価すると、彼の書物は少なく見積もっても五〇〇ポンド分の損害をこうむった。のみならず、これらを公の展示会に出そうものなら、そのあと痛烈な批判を向けられるのはまず確実であろうという。こうして、憐れにも傷物とされた書物が発送されることはついになかった。

★サウス・ケンジントンで開かれる展示会　ブレイズ自身が企画・運営に携わった「キャクストン祝祭」展示会のことと思われる。解題を参照。

何年か前のこと、マクリニア★によって印刷されたもっとも珍しい本の一冊、薄い二つ折版の本が発見された。地方の製本屋による羊皮の装丁で発見されたそれは、四つ折版の小冊子のサイズに合わせて切りつめられていた。しかし地方の製本屋のみが有罪であるとはゆめ思わないでいただきたい。それほど昔のことではないのだが、ロンドンのとある大きな図書館で、キャクストン印行の唯一現存する作品が発見された。十五世紀の製本屋によってなされたままに板の表紙を残しており、(実にしかるべき)大騒ぎがこの掘り出し物をめぐって繰りひろげられた。これをお読みの方はこう大声でお聞きになるだろう。「もちろん元の表紙もそのままに、かつてはどんな様子であったかあれこれ思いめぐらすことができるよう、手をつけずにおいたのでしょう?」まさか! 箱を作って現状のまま保存するかわりに、この本はロンドンの高名な製本屋の手に渡された。彼につけられた注文は「ビロードで装丁するように」。製本屋は最善をつくし、現在この本は小口に金粉を塗られ、不似合いな装丁に包まれて豪奢に輝いている。そして、何ともはや! もともと切られていなかったページは、四辺そっくり端から半インチ裁断されて

★ウィリアム・ド・マクリニア(一四八二〜九〇頃活躍) 十五世紀末のフランドル出身の印刷業者。ロンドン市で操業し、一四八三年、同市内で初めて英語による出版物を印刷した。

しまった。なぜ私がこれに気づいたかといえば、あるページの余白に書き込みがあるのを見つけたこの利口な製本屋が、それを切り落とさないで畳みこんだために、眼の利く観察者に元のサイズを知る格好の手がかりを与えているからだ。この製本屋、別件では十五世紀の二つとない贖宥状《しょくゆう》★をお湯につけて、貼りつけてあった本の表紙から剥がそうとしたりもしている。結果として、乾いてみるとまるで使い物にならないくらい形が歪んでしまった。この男は間もなくして彼岸に去ったけれども、自分の作品をあちらに持っていったりしていないことを祈る。願わくは、よき市民、正直者としての彼の美点が、製本屋としての彼の欠点を補わんことを。

似たような事例を思い浮かべる読者も多いことだろうし、また実際これと同様の罪がかれこれの製本屋によって今後も時おり犯されるだろうことは疑いない。こういった輩は、どうもぎざぎざのふちや広い余白などに先天的な敵意を抱いているようで、彼らの見地からすると無論こういったものは裁断用の桶のために自然が用意した食物だ、ということになる。

ディブディンに「偉大なる裁断屋」と名づけられた十八世紀の名高い製本

★贖宥状　俗に免罪符ともいう。カトリックの教義では、即時地獄行きとはならないような罪の軽い死者の魂は、「煉獄」というところで一定期間の懲罰を受けることで清められ、天国に昇れるようになる。それぞれの人の生前の行ないを見極めて教皇がこの償いを免除するのが贖宥である。中世末期までには、これを紙に記して売り買いできるようにした贖宥状が発行され、ローマ教会の重要な収入源となった。十字軍や大聖堂の建立などといった大事業の際には特に乱発され、宗教改革のきっかけの一つとなった。

屋ド・ロームは、私生活では尊敬に値する人物だったが、製本のために手元に送られてきた書物という書物の余白をすべて切りつめるという悪徳に耽溺していた。そのおぼれ具合といったら、羊皮紙に印刷されたフロワサール★の『年代記』の美本すら容赦しなかったほどだ。中にはつとに知られた愛書家ド・トゥ★自筆の書き込みがあったにも関わらず、彼は冷酷非情にこの本を切り刻んだのだった。

書物の持ち主たちも、余白に関しては時に病んだ心を持っていることがある。とある友人がこう書き送ってくれた。「あなたの記した逸話の数々は面白いものでしたが、お蔭で幾人かの書物破壊主義者のことを思い出しました。ある人は自分のナイフを使って、まるで生垣作りか溝掘り人夫かなにかのように、乱暴に本の余白を切り落としていました。大判の本が特にお気に入りでした。よりたくさんの紙が取れるから、というのがその理由です。こうして作った紙片を、彼は何と本にはさんで目印にするために使っていたのです！ 他にも、秩序の意識が不自然に発達した結果、二つ折版も四つ折版もぜんぶ一つのサイズに切り詰めて製本し、本棚に並べたとき綺麗に平らにな

★ジャン・フロワサール（一三三七頃〜一四〇四頃） フランスの年代記作者・詩人。一三二五年から一四〇〇年にわたるフランスおよびイギリスの事跡を記した『年代記』を著わした。

★ジャック・オーギュスト・ド・トゥ（一五五三〜一六一七） フランスの歴史家。特にナヴァラ王アンリ（のちのアンリ四世）と近しく、一五九八年のナントの勅令起草にも深く携わった。一六〇四年から〇八年にかけてラテン語でフランス史を編む。その蔵書は独特の装丁で知られている。

るようにした者もいます。」

疑いようもなく後者の親戚にあたる例として、全ての本の余白を、文字の版面ぎりぎりまで切り落とした人間がいる。彼は余白に書き込みをする読者というものに苛だっていたのだ。

書物によっては装丁に記されたタイトルのために忍びがたい恥辱を蒙っている。ゴシック体で印刷された十五世紀の騎士道に関する四つ折版が、「訓話集」などと題されていたらどうだろう。あるいはウェルギリウスの翻訳が「説教集」と名づけられていたとしたら！　キャクストン印行の『トロイ歴史集成』★は、いまだに背表紙に「ヘラクレス」とやられたまま現存している。この名前が書物の始めの方に幾度か現れ、そして製本屋は誰かに内容について尋ねるのを潔しとしなかったからだ。「雑録」とか「古文書」とかいった単語は、製本屋がタイトル付けに困ったときに使用されることがある。同様の例は他にもたくさん挙げられよう。

十五世紀の後半、印刷術が急速にヨーロッパじゅうに広まると、装飾のない地味な写本の価値が急落したため、その直接的な結果として数多くの羊皮

★**『トロイ歴史集成』**　一四六四年、ブルゴーニュ公爵フィリップ付きの司祭ラウール・ル・フェーヴルによって編まれた歴史書。英国王エドワード四世の妹マーガレットは、フィリップの息子シャルルに嫁いでブルゴーニュ公爵夫人となると、出入りの商人であったウィリアム・キャクストンに英訳を命じた。キャクストンは一四七三年、初の英語による活版印刷物としてこの作品を出版した。

紙の写本が破壊され、新たに現れた印刷本というライバルの背を補強するために製本屋によって利用されることになった。古い本にこうした羊皮紙の切れ端が見つかることは極めて多い。時には一枚丸ごとが遊び紙に使われているのが発見され、それまで知られていなかったとても重要な作品の存在が明らかになったりすることもある。この場合、その時点までどれほど過小評価されていたかも同時に明らかとなるわけだ。

古い書物を調べている際、本ののどの部分に羊皮紙の短い切れ端が——ほぼ必ず何らかの古写本から取られているのだが——綴じしろ用の「足」のように飛びでているのに出くわして、非常に当惑する書誌学者も多い。こういった事例は、その書物が不完全であるか、あるいは損傷を受けていることを示唆するようにはじめは思える。だが詳しく吟味してみると、このような切れ端は常に、紙を使用した部分の中央部に見られることが分かるだろう。なぜ紙片がここにあるかという本当の理由は、紙製の書物のそこかしこに羊皮紙のページが二枚ずつ挿入されているのと同じで、つまりは強度を高めるためなのだ。強力なかがり糸が紙の折丁の中央を引っぱるわけだが、これに耐えうるだけの強さを与えるべく、こうした羊皮紙片は使用されているのである。この切れ端は古い書物が破壊されたということを示しており、すでに述べた他の紙片などと同様、必ず細心の注意を払って調査しなくてはならない。

貴重な本がひどい扱いを受けることがある。汚い手でよごされたり、水しぶきで駄目にされたり、油染みで損なわれることもある。そういったときに熟練した修復人の技術によって書物がたどる変身の過程ほど、未熟者の目を驚かせるものはない。まず最初に表紙が慎重に取りはずされる。その際にも、最初の製本屋が使ったかもしれない古写本や印刷本の断片が見つからないかどうか、作業者の視線が注意深くそそがれている。本来は別々の部分がくっついてしまっているときには、いかなる無理な力も与えてはならない。少々の温水とちょっとした配慮とがあれば、この困難は必ずや乗りこえられるものだ。全ての部分をばらばらにしたら、今度は紙を一葉ずつ冷たい水に浸けおいて、汚れがすべて染み出てくるのを待つ。これで完全に綺麗にならないときには、汚れが油なのかインクなのかによって少量の塩酸か蓚酸《しゅう》、あるいは腐食性の灰汁を水に加えるとよい。不慣れな製本屋だと、多分ここのところで書物に一生ものの傷を負わせるのだろう。薬品が強すぎたり、紙を水に浸けておく時間が長すぎたり、大きさを整える前に十分に漂白剤を落とさなかったりすると、紙の内部に腐食の種子が植えこまれて、たとえしばらくの間は目にも鮮やか、手にとればぱりぱりと完璧な紙のような手触りだったとしても、数年もすれば潜んでいた敵が姿をあらわし繊維は朽ちて、書物は白いぼろぼろの物体となってその生を終えるだろう。

本の価値を損なうものは何であれその保存には有害だし、実際のところ敵であるといえる。だからここで、古い製本を壊してしまうことについてひとこと述べておこう。

ずいぶんと前のことだが、とある郊外の大道書籍商で今となっては稀覯書であるモクソンの『職工実習』★の完本を一揃い購入した。ページは切られておらず、出版された当時のままの大理石模様の表紙だった。その古臭い装いはとても魅力的に見えたので、私はただちにそのまま保存することに決めた。わが製本屋はこの書物のために間もなく、きっちりした本の形の箱を作り、背表紙をモロッコ皮で覆って題字を正しく刻印してくれた。これに入れてお

★モクソンの『職工実習』　英国の印刷工・活字工・技師であるジョウゼフ・モクソン（一六二七～九一）により、一六八三年に出版された印刷に関する手引き書『職工実習、あるいは印刷術の全て』か、もしくは一七〇三年に出版された、英語ではじめての道具事典である『職工実習、あるいは手工業に関する教則』を指すと思われる。

けば、原本は埃や損傷から永きにわたって保護されるに違いない。

板であれ紙であれ古い表紙というものは、もしある程度ちゃんとしたものでさえあれば、必ず保存すべきである。箱であればいかなる装飾だとてできるわけであるし、書棚に並べてもおさ見劣りするものではない！　それに製本するよりもずっと書物を守るのに適している。またこういった効用もある――あなたの子孫たちから、四世紀前の書物購入者がいったいどのような装丁の書物を手に入れたのか、自分の目で正しく知る機会を奪わずにすむのである。

第九章

蒐集家の身勝手

結局のところ、もっと利口であってしかるべき二足歩行の略奪者たちも、図書館の中では他の敵どもと同様の実質的な害をなしてきた。私は別に盗賊のことを言っているわけではない。彼らは書物の持ち主には被害を与えるかもしれないが、本自体についていえば単に一つの書棚から他の書棚に移しているだけで、特別にこれを損なったりはしない。また、公共図書館にしばしば出没して、記事を書きうつす労力を省くために雑誌や百科事典を切り抜く読者のことを指しているのでもない。こういった略取はそうそう頻発するものではないし、取りかえの利くたぐいの本に起きるだけなので、ついでに触れておくだけでよいだろう。しかしながら、自然がジョン・バグフォード★のような、邪悪な書物破壊の常習犯を生み出すとなると事態は深刻だ。彼はロンドン好古家協会設立者のひとりで、十八世紀のはじめに地方の図書館を経めぐって、ありとあらゆる版型の本からその題扉を切りとったのである。これを彼は国や町ごとに分類し、その他の大量のちらし、手書きの覚書、多種多様な雑録とともに百巻を越える二つ折版を編んだ。現在は大英博物館に収蔵されているが、印刷史をまとめるのに役立つことは否定できないものの、その結果おおくの貴重書が損なわれたわけで、書誌学者が受けるかもしれないいかなる恩恵を加味しても、とても釣りあうものではない。この大部のコレクションのあちこちで、すでに失われていたり、いまや非常に珍しいものになってしまった刊本の題扉と出くわしたとき、また書物の末尾から奥付が、珍しい「十五世紀もの」の第一ページからは「印刷工の記章」が、その他何十という価値もさまざまなページとともに貼りつけられているのを見つけ

★ジョン・バグフォード（一六五〇～一七一六）　英国の好古家。靴屋を営みつつ、ブロードサイドの俗謡などを蒐集した。これらは「バグフォード俗謡」として一八七八年に編集・出版されている。彼のコレクションから、英国で装飾された「グーテンベルク聖書」の零葉が発見された。

靴職人にして書物破壊者
ジョン・バグフォードの肖像
〔1880年版より〕

たとき、どうしたってこの好事家靴職人ジョン・バグフォードの想い出を嘉することはできまい。ハワード★によって描かれヴェルチュ★が銅版画にした彼の半身像は、『書物十日物語★』に再掲されている。

一つの悪い実例には模倣者が現れるもので、季節ごとに一件か二件は、書物狂によって作られた同様のコレクションが書物の競売に登場する。彼らは自らを愛書家と呼ぶけれども、実際には書物の最悪の敵のひとつに数えられるべき輩であろう。

以下に挙げるのは一八八〇年四月付のとある販売目録から採ったものだが、こうした冷酷非情な破壊者がどんなにひどいことをやらかすか如実に示している。

ミサ典書の装飾

五十種の異なる大文字装飾。羊皮紙。全て金飾・極彩。三インチ四方の大型多数。十二世紀から十五世紀の非常に美しい花模様あり。固い厚紙に貼付。状態良好。六ポンド六シリング。

★ヒュー・ハワード（一六七五〜一七三八）　英国の肖像画家・蒐集家。アイルランドに生まれ、のちロンドンに居を定めた。数々の著名人の肖像画を描いている。

★ジョルジュ・ヴェルチュ（一六八三〜一七五六）　英国の好古家・銅版画家。「目にしたもの、耳にしたもの、読んだもの全て」をスケッチブックに描きとめたことで知られる。

★『書物十日物語』　T・F・ディブディンの著作。四一ページ訳注参照。

幾多の貴重な写本より採られた美しい文字の数々。初期美術の実例として極めて貴重なもの。多くが一つにつき十五シリングの価値あり。

プロエム氏はロンドンの古書業者にはよく知られた人物である。裕福で、題扉の蒐集という自分の狂熱を満足させるためにいくら金をかけようと気にもしない。彼は題扉を無慈悲に切りとるので、あとに残されるのは多くの場合あたまを切り落とされた死体ということになるが、死体のほうにはまるで目を向けないのである。破壊者バグフォードとは違って、彼には実用的な展望などてんから念頭になく、ひたすらまるで無意味な分類法に従うだけだった。例を挙げてみよう。こちらの数巻は銅版画入りで刷られた題扉だけを集めており、十七世紀オランダの壮麗な二つ折本などが彼の目に留まってしまったらご愁傷様というところだ。ほかの一冊は粗野だったり珍妙だったりする表題のみを集めていて、確かにいかに馬鹿な、いかに気どった筆者がいたものかを示すためには役だつようになっている。例えばここにはシブ博士★によるー六五〇年の『様々な説教にて腸《はらわた》を開く』が、誤ってカルヴァン主義者

★シブ博士　英国の清教徒聖職者であったリチャード・シブズ（一五七七～一六三五）のことか。彼はケンブリッジ大学およびグレイズ・イン法学院で説教師を務め、一六二六年よりケンブリッジ大学セント・キャサリンズ・ホールの学寮長となった。一六三九年に『腸を開く、あるいはキリストと教会の間に存する親密かつ熱烈な愛の表出』が出版されている。

ハンティントン★のものだとされている『死して呪われよ』や、その他もろもろの引用をはばかられるような下品な題扉とともに見いだされる。「水の詩人」テイラー★が自分の詩作品につけた奇妙な題名も数ページにわたってコレクションを彩り、書物本体に対する渇望をそそっている。また他の巻には印刷業者の商標をあしらった題扉だけが見られるものもある。こうした蒐集家たちによる書物の損傷に目をつぶれば、題扉によっては非常に美しいものもあるから、彼らのコレクションをある程度までは楽しめるかもしれないけれども、このような趣味には何らの利得も賞賛すべきところもない。やがて終わりがやってきて、集めたものは散逸し、まとめ上げるのに二百ポンドはしただろう各巻も書籍商に十ポンドで叩き売られ、ついにはサウス・ケンジントン図書館とかいずこかの公共博物館などといったところに珍品として落ちつくことになる。下記は競売業者サザビー・ウィルキンソン・アンド・ホッジによってつい最近（一八八〇年七月）、ダン-ガーディナー蔵書一五九二番として売られたものだ。

★ウィリアム・ハンティントン（一七四五～一八一三）　英国の説教家。種々の商売に手を染めたのち、カルヴァン派の巡回説教師となり、最終的にロンドンに礼拝堂を構える。その説法は激越で粗野であったが、民衆の強い支持を受けた。

★ジョン・テイラー（一五八〇～一六五三）　英国の詩人。テムズ川の船頭であったため、自ら「水の詩人」を称した。

題扉と口絵
「八〇〇枚にのぼる英国および外国の銅版画入り題扉と口絵（逸品珍品含む）、古書より蒐集、台紙に貼付、全三冊、モロッコ革半装金箔押、大二つ折版。」

私にまじりけなしの喜びを与えてくれた題扉のコレクションはこれまでにたった一つ、アントワープのプランタン博物館★が、その素晴らしい活字収蔵庫が買収された直後の一八七七年に出版した、とても見栄えのする二つ折版だけである。『プランタンの印刷者のためにP・P・ルーベンスによって彫られた題扉と肖像画』と題されたこの本は、十七世紀の原版から再刷された三十五の豪奢な題扉を収録している。これらの原版は、高名なプランタン印刷所から発行された様々な出版物のために、ルーベンスその人が一六一二年から一六四〇年の間に彫ったものだ。同博物館には他にも、それぞれの意匠に関するルーベンス自筆の請求書が保管されており、書類の下にはしかるべく「受取」の署名が記されている。

★プランタン博物館　フランスの偉大な製本家・印刷家クリストフ・プランタン（一五二〇〜八九）のアントワープにあった印刷所は、一八六七年についに操業を停止、一八七六年にはアントワープ市が最後の所有者であったエドワード・モレトゥスから全ての建物および付属物を買い取り、プランタン・モレトゥス博物館を開設した。

いま私の手元には、グーテンベルクの共同経営者であったシェファーにより一四七七年に印行された『教皇庁控訴院判例集』の素晴らしい刊本が一部ある。これはほぼ完全な本なのだが、非常に重要な部分、すなわち奥付だけがどこぞの野蛮な「蒐集家」によって切りとられてしまっている。本来ならそこには、「一四七七年一月四日マインツ市にて、ゲルンスハイムのペーター・シェファー印行」の一文と、その後ろにはよく知られた彼の商標である二枚の盾が印刷されていたはずだ。★

装飾文字を写本から切りとって、アルファベット順に白紙の本に貼りつけるというのは、今世紀の初めにも熱狂的な流行となった。我が国の大聖堂図書室にも、この種の略奪行為のために甚大な被害を蒙ったところがいくつかある。今世紀初頭のリンカン大聖堂では図書室が聖歌隊席の近くにあったため、聖歌隊の子供はそこで長衣に着替えていた。ここには数多くの古い写本や、八冊から十冊の稀少なキャクストン本があったのだが、聖歌隊の男の子たちは「整列」の合図を待っているあいだ、よくペンナイフでもって装飾文字や飾り模様を切りとって遊んでいた。彼らはこれを聖歌隊席まで持ってい

★シェファーの商標　印刷業者はしばしば書物の扉ページか最終ページに木版で自らの商標（プリンターズ・マーク）を印刷したが、これを初めて導入したのがシェファーとヨハン・フストであった（一八、一〇四ページ訳註参照）。一四六二年出版のラテン語聖書がそれで、枝から下がった二枚の盾のマークが印刷されている。

き、お互いに回しっこをしたのだった。聖堂参事会の面々も似たようなもので、ちょっとした「報酬」めあてにディブディン博士にすべてのキャクストン本を譲り渡したりしている。博士はそれについて小さな目録を作って、『リンカンの花束』と題した。これらの本は最終的にはオールトロプの蔵書に落ち着くこととなった。★

故カスパーリ氏も書物の「破壊者」の一人であった。彼は絵入りの書物をたびたび購入しては、一八七七年のキャクストン記念展示会にも出品されたその初期木版画の貴重なコレクションを充実させていったのだが、そうして手に入れた書物の挿画を切り取り、ブリストル紙★の台紙に貼付していったのだった。私も一度、同様の扱いを受けた『騎士トイルダンクの書』★のきれいな断片を見せてもらったことがある。いま私の前にある数葉はそのときに彼がくれたもので、彫刻の美しさや印面の細やかさといった点で、私の知るいかなる印刷物をも凌駕している。マクシミリアン帝のためにニュルンベルクのハンス・ショーンシュペルガーによって印刷されたこの本は、それを唯一無二のものとするべく活字の父型を一から切りだしたばかりか、一つの文字

★**オールトロプの蔵書**　オールトロプは十五世紀よりスペンサー家の居住地である。スペンサー伯蔵書は十九世紀後半にマンチェスターのジョン・ライランズ図書館に収蔵された。

★**ブリストル紙**　台紙などに使われる、上質の板紙。

★**『騎士トイルダンクの書』**（一五一七）神聖ローマ皇帝マクシミリアン一世（一四五九～一五一九）は、自分の恋愛遍歴を語った詩を作り、ハンス・ブルクマイア（一四七三～一五三一）に対してこれに挿画をつけるよう命じた。この中で皇帝は、自らを高貴なる騎士トイルダンクとして描いている。一五一七年、本文中にあるように、ニュルンベルクで刊行された。

につき七種から八種の異型を用意したので、各行の上下に実に巧妙に張りだした装飾用のひげの存在ともあいまって、熟練した印刷工ですらこれが印刷されたものだと認めないほどの出来であった。だがそれでも、この書物の印刷にはすべて鋳造活字が使われている。きれいな状態であれば一部五十ポンドはするだろう。

何年も前にサザビーで、大量の羊皮紙零葉――ものによっては書物のある部分が丸ごとの場合もあるが、ほとんどは一葉のみであった――を一山購入した。多くが飾り文字を切り取られており無価値になっていたが、貧相な飾り文字しか含まれていないものや全くないようなものはとても良好な状態で残されており、整理しているうちに何とほとんど二十種にものぼる写本（そのほとんどが時禱書だった）の大部分を手に入れたということが判明した。これらの写本はラテン語、フランス語、オランダ語、ドイツ語で書かれた全部で十二もの書体を含んでいた。種類に応じて別個に綴じあわせ、いまは興味深いコレクションとなっている。

肖像画蒐集家もまた、自分の宝を増やすために口絵を切り取ったりして、

★アトキンズの『印刷術の勃興と発展』
英国のリチャード・アトキンズ（一六一五〜七七）の人生は不詳な部分も多いが、一六三一年の早くから印刷に関わる何らかの官職についていたらしい。一六六四年に、それまで匿名で出版していた小冊子をまとめ、自らの名前を附して『印刷術の勃興と発展』として出版した。

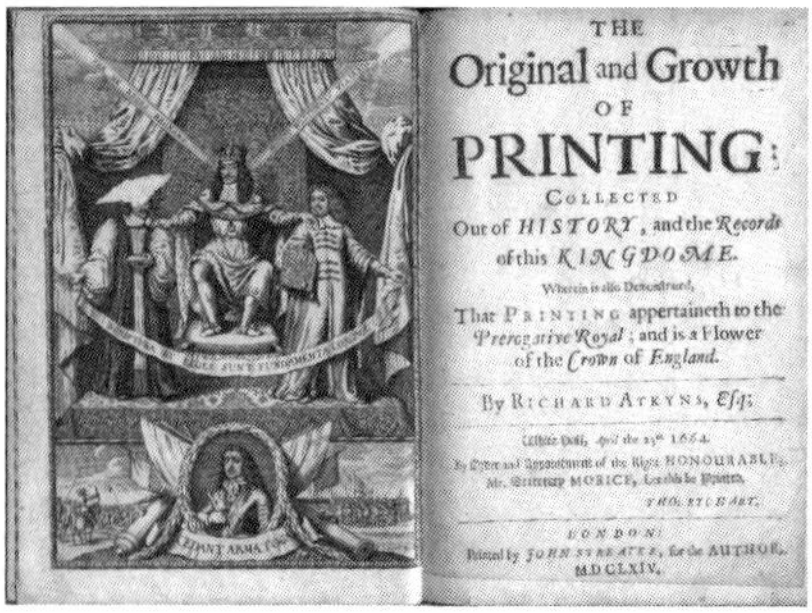

●口絵ページが残存するアトキンズの著書（高宮個人蔵）

数多くの書物を破壊してきた。そしてひとたび不完全となると、書物というものは急速に滅亡へと突き進んでゆく。これがアトキンズの『印刷術の勃興と発展』★（四つ折版、一六六四年）が入手不可能になった理由だ。出版当時、アトキンズの小冊子にはローガン★による美麗な口絵がついていた。そこにはチャールズ二世がシェルドン大主教★、アルベマール公爵★、そしてクラレンドン伯爵★を伴っている肖像画が掲載されていたのだが、これらの有名人の肖像画はきわめて珍しかったために（もちろん国王は除く）、蒐集家たちはこの四つ折版冊子が市場に出るたびに買いあげて、コレクションに加えるべく口絵を破りとったのだった。どんなものであれ古書の販売目録を開くと、必ずそこここに「扉欠損」「挿画一枚欠損」「最終頁欠損」といった記述が見られるのはこうしたわけである。

特に十五世紀の古写本では、羊皮紙であれ紙であれ、余白や白紙ページが切り取られているのに出くわすことがよくある。必ず前小口側か下余白の部分に見られ、あまりしばしば目にするので長らく私を悩ませてきた。これはかつて紙が不足していたがために生じた事例である。正確さが要求され、家

★ローガン　ダンツィヒ生まれの画家・銅版画家デイヴィッド・ロガン（一六三五～一七〇〇?）のことか。デンマーク、オランダで銅版画を学んだといわれ、一六五三年までに英国に渡ったらしい。当時もっとも著名な銅版画家で、一六六九年にはオクスフォード大学の指定銅版画師に任命されている。

★ギルバート・シェルドン（一五九八～一六七七）　英国の聖職者。チャールズ一世つきの司祭で、一六六三年にカンタベリー大主教となる。

★アルベマール公爵　英国の軍人ジョージ・マンク（一六〇八～七〇）。清教徒革命中は王党派、議会派と立場を変えたが、クロムウェル死後に王政復古を実現させた。

★クラレンドン伯爵　英国の政治家エドワード・ハイド（一六〇九～七四）。王党派で、のちに清教徒革命史を書いた。

付きの間抜けな使者の記憶力には任せられような伝言を送らねばならなかったりすると、家の主や礼拝堂の司祭は図書室に赴き、使える紙がないのでおもむろに古い書物を取り出し、その広々とした余白から数枚の紙片を切り出して、当座の用に供したのであった。

　自分の宝物を来世まで持っていかれないからといって、この世での使用をあらゆる手段で妨害しようとするたぐいの書物狂・用心深すぎる所有者なども、私としては「敵」の一味に含めたいところだ。かの著名な日記作者サミュエル・ピープス老の★、とても興味深い蔵書の使用許可を取りつけるのがどんなに困難であることか！　この蔵書はピープス本人によって用意された同型の書架に収められ、ケンブリッジ大学モードリン学寮に保管されている。だがしかし、この学寮の研究員《フェロー》二人を同伴しない限り、なんぴとたりとも入館の許しを得ることができない。もし本が一冊でも失われたなら、全蔵書はただちに近隣の他学寮に移管されてしまうからだ。どう考えたって、いかに感謝の念を示すのにやぶさかでない、むしろ望むところであったとしても、二人もの研究員の時間（忍耐力とまではいわないけれども）を自分のために

★サミュエル・ピープス（一六三三～一七〇三）　英国の文官。海軍大臣も務めた。一六六〇年から六九年にかけての詳細な日記を残し、当時の様子をいまに伝えている。日記は暗号で記されていたが、一八二五年に解読された。彼はまた三千巻におよぶ書物やその他の印刷物を蒐集し、コレクションを母校ケンブリッジ大学のモードリン学寮に遺贈した。

擦りへらしてもらってまで蔵書を利用しようなどとは誰も思うまい。ハールレムのテイラー博物館でも似たような規制が幅を利かせており、その所蔵する数多くの宝を終身禁固刑に処している。

数世紀前のことだ。ある貴重な蔵書がギルドフォード基金グラマースクールに遺贈された。学校長がその蔵書全体についての責任を負うことになっており、もし一冊でも紛失したら自分でその巻を補充しなくてはならなかった。聞いたところによると、ある学校長はおのれの損失をできる限り避けようとして、以下のような乱暴な手段を講じたという。蔵書を引き継ぐやいなや、彼は教室の床板をひっぺがして全ての本を根太と根太のあいだに慎重に詰めこむと、床板をふたたび釘で打ちつけたのだ。どのくらいの数の大小様々なネズミがそこをねぐらにしているかなど、彼はほとんど考えもしなかった。いつの日か、一冊一冊をどう処置したか詳細に報告せねばならないことだけは確かで、学校長としてはこうして徹底的にしまい込むより他によい方法が思いつかなかったのである。

ミドルヒルの故トマス・フィリップス卿★も驚くべき書物死蔵家だ。彼が貴

★トマス・フィリップス（一七九二～一八七二）　英国の書物蒐集家・好古家。ラグビー校、オクスフォード大学在籍中より書物蒐集をはじめる。特に羊皮紙写本を「破壊から守るため」に手元に集めようとした。ブレイズの言とは裏腹に、彼が何らかの形で調査をしなかった本はわずかであるといい、現在、彼の研究ノートが多数残されている。また、自分の蔵書を研究者のために開放することに喜びを覚える、学問のパトロンでもあった。

書物の床下隠匿
〔1880年版より〕

重な書物をあれこれ購入するのは、ただそれを埋葬するためであった。その館は本でぎゅうぎゅう詰めだったが、なお彼はいくつもの蔵書を丸ごと買い占め、しかも自分が買ったものを見もしていない。購入物のうちには、英語で印刷された最初の書物である『トロイ歴史集成』がある。これはウィリアム・キャクストンによって、エドワード四世の妹であるブルゴーニュ公爵夫人のために翻訳・印刷されたものだ。しかしほとんど信じがたいことながら、確かに蔵書の中にあるはずなのに、トマス卿はこの書物を決して見つけることができなかったのである。だがこれもむべなるかな。何せ亡くなる二十年も前に買った本の箱すら開封することなく、ひとえに販売目録と書籍商の請求書の上でしか、その中身を知らなかったというような御仁だったのだから。

第十章

召使と子供の狼藉

読者諸賢よ！　あなた方は結婚なさっておられるだろうか。六歳から十二歳くらいまでのお子さんが、特に男のお子さんがおありだろうか。そしてまた、あるいは実用、あるいは装飾のために選びぬかれた様々な書籍が収蔵され、そこで楽しいひと時を過ごせるような、そんな仕事場などをお持ちだろうか。さらにお宅には――ああ、これが問題なのだ！――貴兄の小部屋の埃《ほこり》をはらい整理整頓するのを専門とするような、召使女がいるだろうか。これらの告発にたいし有罪をお認めになるだろうか。だとしたら私は、同じ苦しみを受けているがゆえに貴兄に同情を寄せるものが、一人は存在することを疑うまい。

埃をはらうと！　それは単なるまやかしだ。女性たちが貴兄の聖域の最奥を侵したがるのは、決して埃のためではない。それは彼女らの本性に植えこまれた好奇心のせいだ。そしてこのイヴにまでさかのぼる女性特有の欠点は、最古の文学作品や民話に見られる共通の動機となっている。何ゆえにファーティマ★は、青髭公によって禁じられた部屋の中をそんなにも見たがったのだろうか。彼女にとってそれは何の意味も持たぬものであったし、中が何であろうと、まったく誰の迷惑にもならなかった。この物語はあまりよい教訓を与えてくれない。むしろ、この女主人公が血塗られた部屋の中、同様の罪を犯した彼女の先人たちと枕を並べて死ぬところで終わっておれば、いろいろな意味でもっと満足のいくお話になっていただろう。

なぜに女という輩は（神よ、われを許したまえ！）男の書庫の中身を、そして掃除が必要かどうかをやたらと気にするのだろう。私の息子たちの遊び

★ファーティマ　フランスの詩人・童話作家ペロー（一六二八〜一七〇三）の童話で有名な『青髭』の登場人物。権力者である青髭公に嫁いだ彼女は、見ることを禁じられた部屋を覗いてしまったことにより危うく殺されかけるが、間一髪で兄弟の手により救い出され、青髭公は殺される。

部屋は、大工用の作業台や旋盤、果てしないほどのごみくずで散らかっているのに、整頓されたことはついぞない。（もしかすると整頓が不可能であるか、あるいは子供たちの若々しい活力はそんなことに耐えられないのかもしれないけれども。）だというのに、私の仕事部屋の方はなんとしても毎日掃除する必要があるのだと、「本や書類を動かしたら必ず元の場所に戻すから」との空約束までして主張するのである。こういう扱いが続くことにより惹きおこされる損害は測りしれない。時期によってはこの約束がより誠実に守られることもある。だが書物愛好家であれば、独身であれ既婚であれ、三月十五日には注意する必要があろう。二月が終わって去るやいなや、主婦はなにやら落ち着かぬ気分に取りつかれる。これは日に日に強まってゆき、三月の半ばにもなるとついには支配的になる。このころ、貴兄が家を一日二日留守にしまいか、ちらちらと質問が投げかけられる。気をつけられよ！「春の大掃除」なる熱病が進行中なのだ。しっかと立っていなければきっと後悔なさることだろう。もし運命の女神がそう命ずるのであればやむを得ない、外出なさるがよい。だが貴兄の領地の鍵は身につけていくように。

誤解しないでいただきたい。私は決して埃や泥による汚れを推奨しているわけではない。これらは敵であり、駆逐すべきである。だが駆逐作戦が必要であれば、必ず貴兄の目の届くところでやらせるのだ。どういったところに注意を払わねばならないか、どういった場合に慎重な取り扱いが必要か、説明なさったほうがよい。もしご家庭のイヴに書物への尊敬を教え込むことができたなら、貴兄は幸せな男である。彼女の価値は幾多のルビーにも勝るし、あなたは彼女のおかげで寿命が延びるだろう。書物は時おり書棚から取り出して綺麗にしなくてはならない。しかしそれは愛情と分別を持って扱われる必要がある。もし塵はらいが部屋の外でできるようなら、そのほうがずっとよい。本を取り出して、書架をその重荷から解放し、拭き清めてやるのも大事だ。それから各巻をいちいち取り上げて、柔らかい布で横も後ろもぬぐってやる。本を元の場所に戻すにあたっては、装丁にも注意を払うべきだ。とくに全体が仔牛革やモロッコ革の装丁である場合、互いにこすれあわないように気をつけねばならない。最高の装丁の書物は傷むのもまた早く、悪い仲間と一緒にするとすぐに駄目になる。じっさい、書籍によっては性格のよくないやつもいて、隣人があまりに気安いと必ずその顔を引っかいたりするのだ。かどに金属の留め金や鋲がついた本がそれで、主に十五世紀に生まれた厭うべきならず者たちである。彼らは四隅を青銅で飾られた「本物の」板を身にまとっているのを誇りにし、片腹にしっかと取りつけられた恐ろしい出っぱりと（たいていの場合は五つの）金属の鋲とともにその生を送る。こうしたならず者どもはその性癖を矯《た》めてやらないと、羊を手荒に扱うコリー犬さながら、育ちのよい隣人たちに大いに危害を与えるだろう。ミルボード紙★をこれら犯罪者と被害者との間に差しこんでやれば、被害を最小限に抑えることができる。私は今までにも、美しい装丁がこういった面倒な隣人によって無残にも傷つけられているのを見たことがある。

書物の「埃はらい」を実施する際には、貴兄の手伝いのものたちには常識を過度に期待せぬことをお勧めする。相手は無知であることを前提とし、本を持ち上げるときには表紙の片方だけをつかんではならない、とただちに告げたほうがよい。そんなことをすれば確実に背表紙に負担がかかる上に、書物の重さは十中八九見誤られ、落っことされるだろう。女性の「助っ人」も

★**ミルボード紙**　表紙や芯紙などに使われる板紙。

また、本を高々と積み上げて作業をするのがとみにお気に入りなのだが、概して重心というものの観念が正確でないために、しばしば盛大にひっくり返してたくさんの本のかどを傷めることになる。さらに、監督と指示とが行き届いていないと、書物のへりから埃を払い落とすどころか、すりこんだりもしがちである。本は一冊一冊、ページが開いたりしないようにしっかり掴んでから、背表紙側より前小口側へと拭うのだ。埃が多い場合には、柔らかいブラシも有用だろう。外側全体も柔らかい布でこすり、それから表紙を開いてつなぎ目の溝の部分を確認する。本によっては白カビが書物の内側にも外側にも繁殖するし、しかも実にしつこいからだ。白カビの好みは説明しがたく、ある種の装丁は湿気を実に呼びこみやすいようで、同じ棚の他の本は被害をみじんも示さないのに、こうした装丁が白カビにやられてしまったりする。もし白カビを発見したときには、注意深く拭きとってから、乾燥した風通しのよいところを選んで本を開き、二三日置いておくとよい。埃っぽい道路から窓を通って吹き込んでくるような砂埃が、ご使用の埃はらいに付着しないよう、よく気をつけられたい。さもないと、滑らかな仔牛革装の表面にヨーロッパの白地図のごとき細かな引っかき傷がついてしまい、その書物のみならず貴兄の目も心も傷つくことになろう。

「助っ人」たちは書棚をぎゅうぎゅう詰めにする傾向があるので、本を力づくで取り出さなくてはならず、結果その閉じ緒の天の部分を破損してしまうことがよくある。この過ちにも気をつけられたい。その原因の多くは、書棚の両端、可動式の書棚固定具の下方にある小型の本は意図的に置かれたものであることに気づかないところにある。こうすることで空間を節約できるのみならず、書棚いっぱいの高さの本が、その固定具によって不均等な圧力を加えられて傷つくのを防ぐこともできるのだ。

他のことと同じくこの件に関しても、最良の指針は結局のところ「常識」なのだ。これは昔日には今日よりもずっと「常」なる資質であったのだろう。さもなければこの表現がわれわれの通常言語に根づくことはなかったであろうから。

子供たちも、いかに純心無垢であろうとも、しばしば殺書の罪を犯す。白状すると、私はかつて病に伏した娘を喜ばせようと、明るい色彩の図版をたくさん含んでいるハンフリー★の『書くことの歴史』を書棚から持ちだしたことがある。目的は確かに達成されたのだが、かくもまずい先例をつくってしまったことから生じた結果は悲惨なものだった。その本は（ありがたいことにたやすく交換の利くものであったが）、私が多大な注意を払っていたにもかかわらず、汚され引き裂かれ、ついには殉教者として子供部屋に差し出されることになったのである。これを悔やむことができるだろうか？　断じて否。なぜといって、書誌学的には罪深い所業であろうけれども、これら美しく混ざりあった色彩を眺めることで、この病人がどれほど真実の喜びを覚え、また現実の苦痛をまぎらわすことができたか、誰にも計り知れないからである。

数年前に私の隣人が、図書室の本を娘さんの一人が（どうやら抑えがたい欲求によって）破くくせがあると嘆いていた。彼女は六歳だったが、静かに書棚のところへ行っては一、二冊の本を取りだし、十枚余りのページを真ん中あたりから破りとった上で、本をその切れ端もふくめ全て元通りの場所に戻しておくものだから、それらの書物をいざ使おうというときまで被害がな

★ハンフリー　ヘンリー・ノエル・ハンフリーズ（一八一〇〜七九）のことか。ハンフリーズは英国の画家・古銭学者。特に自然科学の本の挿画を描いて成功を収めた。彼は中世写本を模した多色石版刷りの本も手がけている。一八五三年に『書く技術の起源と発達』を、六七年に『印刷術の歴史』を出版しており、ブレイズはここで両者を混同しているのかもしれない。

かなか発見されなかった。叱っても諭しても、また罰を与えたりしても一向に改善されなかったのだけれども、「鞭打ち」ひとつでこの病は治癒した。
しかしながら男の子は、女の子たちよりもはるかに破壊的であり、人であれ書物であれ、古いものに対して当然のように敬意を払わない。ポケットナイフを初めて手にした男子生徒を恐れぬ人間などいるだろうか。ワーズワースも言わなかったように、★

しばしば彼の行動は
書棚や本に残された
種々の傷から跡をたどれる。（中略）
幸なき板絵や美々しい書物の、
角をナイフで切りはなし、
そこより紙片ここより背帯を取りはずす。

彼らはまた、口一杯に飴をほおばり、べたべたの指をもってして貴兄の書

★ワーズワースも言わなかったように
ここはブレイズによるワーズワースのパロディ。原文は『逍遥』三巻一七四～一八二行。

しばしば彼の行動は
道や小道に残された
種々の傷から跡をたどれる。（中略）
幸なき岩や美々しい石の、
角をば槌で叩きつけ、（中略）
砕片破片を欠いて取る。

棚の最下段から本を出したり仕舞ったりすることに喜びを覚える。それによってどれほどの損傷や苦痛が惹きおこされるかには、ほとんど頓着しないのだ。母音の長短の誤りに関してはホラティウスの亡霊の許しを乞いながら、誰でもこう叫び声をあげることにやぶさかではないだろう。★

不安の余りに胃も裏返る
べたべたの手で少年が書物を取れば。

諷刺詩二巻四歌

男の子というものが、いったい何をしでかすことができるか、という点については、次の本当にあった話を読めばお分かりになるかもしれない。こちらは直接の被害者である、私の文通相手が送ってくださったものだ。

ある夏の日、彼は長年海外に出ていた知己と街で会った。相手の古書好きが昔と変わっていないのが分かったので、彼は友人を自宅に招待し、「十五世紀もの」やその他の書物からなる精神のためのご馳走を振舞い、夕食の席でのいま少し品の悪い慰みの前座にしようと考えた。彼の「自宅」はロンド

★ホラティウスの亡霊　クィントゥス・ホラティウス・フラックス（前六五～八）はローマの叙情・諷刺詩人。ここでブレイズはホラティウスの諷刺詩の単語を変更して冗談を言っている。「母音の長短の誤り」とはこのことで生じた韻律の誤りのこと。原詩では「気持ち悪さに胃も裏返る／べたべたの手で召使が杯（さかずき）取れば」となるが、ブレイズは実際には一語しか変更を加えていない。

書斎で大暴れする子供たち
〔1888年版より〕

ン郊外にある古い邸宅で、建物自体が黒字体や羊皮紙を連想させる。やんぬるかな！　天候は雨であった。家に近づくにつれ、高らかな笑声が二人の耳に届く。彼の息子たちが幾人かの年若い友人を招いて誕生会を開いているところだったのである。雨のために外で遊ぶことが全くできないなか、勝手に過ごすようにと放っておかれたために、彼らはついに書斎への侵入を果たしていた。折しもバラクラヴァの戦い★直後のことで、その激戦地における兵士たちの勇猛ぶりを国中の誰もが称えていたものだ。かくて腕白小悪魔どもはイギリス軍とロシア軍の二陣営に分かれていた。ロシア側は室内を占め、書棚の下のほうから引っ張り出した古い二つ折本、四つ折本でおよそ四フィートもの高さの塁壁を築いて、その後ろに陣取っている。それは教父たち、十五世紀の年代記、地方史、チョーサー、リドゲイトなどなどからなる胸壁であった。数ヤード離れたところはイギリス軍の陣地で、小さな本を砲弾として積み上げ、それをば敵陣に向かって雨あられと打ち込み続けていた。この情景を思い描いてみるといい！　二人の初老の紳士は慌てて部屋に入っていったのだが、家長は――決して故意に投げつけられたのではないけれども

★バラクラヴァの戦い　バラクラヴァはウクライナのクリミアにある海港。一八五四年のクリミア戦争の古戦場で、ここでの激戦はヴィクトリア朝の桂冠詩人アルフレッド・テニスン（一八〇九～九二）の詩「軽騎兵隊の突撃」（一八五四）で極めて有名になった。

――『失楽園』初版の一撃をみぞおちに受け、客人のほうは四つ折版『ハムレット』と人生でこれまでなかったほど親密な関係を築くのをかろうじて回避する羽目になった。終幕はといえば――大いなる怒りが爆発し、兵士たちは迅速に撤退、そして多くの負傷者（本）が戦場に置き去りにされたのだった。

後記

以下の逸話は、厳密にいえばいかなる現実の損傷も書物に与えてはいないのだが、非常に活き活きと描かれているし、また競売の額が天井知らずな昨今にあっては実に欲望をそそる話なので、この本に適当な話題か否かについての厳正な判断の一線を少しだけ踏み越えて、記録にとどめることとしたい。これは愛書家にして『珍本全集』の木版画師としても知られる友人のジョージ・クラロウ氏が、個人的な体験であるとして私に書き送ってくれたものだ。時は一八八一年。氏は言う。

貴兄が『書物の敵』でお書きになっていたゲインズバラの「発見」に関連して、二十年ほど前に私自身が経験したことについてお話したいと思います。

とある夕方のもう遅い時刻のこと、私は父の家で、家具・農場用品・書物の競売目録を目にしました。その競売は翌朝、ダービーシャーの——最寄りの鉄道の駅から四マイルほどもあるという——地方牧師館で開かれると告知されていました。

それは夏季、つまり田舎がもっとも美しい時期でしたし、また古書の魅力もあって、私は一日休暇をとって、明くる朝八時にはC某駅行きの列車に乗っていました。目的地が鉄道駅から東に三マイルのところだと気づくまでに西に向かって三マイル歩いてしまったりと、予定の変更があった結果、私は目指す牧師館に正午に到着しました。そこには近隣の農場主たち、その妻、使用人や下女たちが三、四十人も集まっていて、見たところ商売よりも一日のらくらすることに熱心な様子です。競売は正午に始まるとされていましたが、競売屋が顔を出したのはそれから一時間後のことで、彼が最初に手をつけ、私の協力を求めた仕事はといえば、牧師館の賄い方でパンとチーズとビールの食事を心ゆくまで楽しむことでした。これが終わってからその日の商売が始まりました。まずは壺や平鍋、やかんといったものがばらばらと皆の前に持ち出されて競りにかけられ、続いて寝具が幾組か、およびその他もろもろに移っていきます。目録では書物は競売の劈《へき》頭に挙げられていましたし、三時にもなって私の忍耐も切れましたので、目録どおりに売らないとはどういうことかと競売屋に抗議しました。これに対して彼はなんと、時間があまりないから書物は翌日に回すと言うのです！　これには私もたまりかねて、貴公は顧客の信頼を裏切り、偽りの口実をもって私をC某まで出向かせたのであると示唆しましたが、どうも彼の陽気さをかき乱したり彼を不快にするには至らなかったようです。返答に彼は、「ビル」と運搬夫として働いていた男を呼びつけて、こちらの紳士に「ほぉんの部屋」の鍵をお渡しし、お選びになった本を持って降りてこいと命じました。そうすれば彼は「そいつを売って」くれるというのです。私は「ビル」によって、ただちに書物で一杯の図書室のすてきな片隅に連れていかれました。本の多くは神学関係のものでしたが、英語や外国語による十六世紀の種々雑多な文学作品の最良のものもまた数多くありました。書棚の本をわずかに眺めただけで、三十冊ほどの黒字体の本や三、四冊の装飾入り典礼書、そしてまたもっと近代の稀覯書を見つけることができました。「ビル」がそれを階下に持っていくときには、いったい何が起こることだろうと私もいぶかしみましたけれども、それも長くは続きませんでした。というのも、私の選びだした書物は一冊一冊、あるいは二冊三冊ひとからげで、次々と落札されていったからです。値段は一シリング六ペンスから三シリング六ペンスとさまざまでしたが、この「三シリング六ペンス」というのはわが競争者たちの投機的性向にとっては最大限の数字であったようです。競売品の取っておきは、しかしながら競売屋によって待ったがかけられました。理由は、彼が言うには、それが「きれいな本」だからです。ここに至って私は彼の批評眼に敬意を払いはじめました。じっさいそれは「きれいな本」でしたから。ディブディンの『書物十日物語』、原装のままの大判三巻本だったのです。このすてきな本を含め、私の出費は十三ポンドにもならなかったと言うにとどめておきましょう。その金額で、私は荷車一杯の――欲しいと思っていたよりもずっと多くの！――書物を手に入れました。これを家に持ち帰ると、私はその「篩《ふる》いわけ」を行なって、不要な書物を売り払いました。すると私が全体に対して支払った額の四倍もの値がつき、なおかつ私の手元には本当の貴重書が数点残ったのです。

数週間ののちに聞いたところでは、残りの書物は文字通り不用品として扱われ、近くの町に荷車で運び出されたそうです。これらの本の売り場として自分の店を提供した靴屋から、どれでも一冊六ペンスで買えることになったといいます。とある大都市のとある老古書屋は、本がそこにあるという知らせを聞くや、全てを買い占めたのであったと思います。売り手側が（そして買い手となりうる人々の側も、とつけ加えてもいいでしょう）全く無知であることの非常に興味深い一例ですので、こうして記しておく価値はあると思います。

この西暦一八八七年に、読者よ、このような経験をいったいどう思われようか？

結語

文物の破壊のためにこうも多くの紛れもない敵が活動しており、そしてその悲しむべき目的をこうもしばしば達成しえているというのは、きわめて遺憾な事態である。正しく考えれば、古い書物を所有するということは、すなわち神聖なる義務を負うということであって、所有者あるいは守護者がそれと知りながらこの義務を無視するとはつまり、親がわが子を顧みないも同様であろう。古い書物というものは、内容やその作品の価値がどうであっても、まさしく国家の遺産の一部をなすものだ。その書物を真似たり複製を作ったりすることはできても、まったく同じものを再び生みだすことはできないのだから、歴史的資料としても慎重に保存されねばならない。

自分の祖先の記念碑をまるで気にかけないような人々、あるいは馬のこと、ホップの値段のことを話しているときのほかは心がまるで高揚しないような人々がいるが、そうした感性の欠如を羨ましいとは私は思わない。こういう輩にとっては、孤独とはすなわち退屈を意味し、どんな相手であれ同伴者がいるほうが独りよりもずっと好ましいのだ。静けさの喜び、心の活力の回復といったことを、彼らはほとんど知らない。もし愛書家となったならば、大金持ちですらその労苦を軽減し、寿命をいくらか延ばし、そして日々の喜びを倍にすることができよう。いっぽう書物を愛する実業家にとっては、たとえ彼が一日じゅう生活のために戦い抜き、挫折や心配事にいらいらしたとしても、ひとたびおのれの聖域に戻れば——全てのものが自分に歓迎の挨拶を送り、全ての書物が自分の友人であるような、そんな聖域に戻ったときには——喜ばしい休息の聖なるひとときがその眼前に開けることになるのだ！

『書物の敵』解題

髙橋　勇

◎ウィリアム・ブレイズと書誌学

「ウィリアム・ブレイズとはそもそも何者だろうか？」

本書『書物の敵』を読了して、こう不思議に思われる方も多いことだろう。失われた書物に関する逸話を収集し、ヨーロッパ各地の古い図書館をめぐり、紙魚をこと細かに研究し、無法な製本屋や書物蒐集家に怒りの炎を燃やす著者。彼の書物に対する愛情には疑問の余地がない。それもそのはず、ブレイズは近代以降もっとも直接的に書物生産にたずさわる職種、すなわち印刷をなりわいとしていた人物なのである。様々な著者によって書き記される本の内容――ブレイズはこれを書物の「魂」と呼んでいるが――を、ひとつの「もの」として紙面に定着させる彼の立場からすれば、みずからが産婆役をつとめる書物の破壊を黙って見過ごすわけには行かなかったに違いない。

しかし現在までブレイズを高名たらしめているのは、印刷工としてよりもむしろその学者としての業績である。英国中産階級に属する印刷工であったブレイズは、例えば大学などを本拠とする専門の研究者ではなかったが、職業上の知識を十全に活かして物体としての書物研究、とくに印刷とその歴史の研究に心血を注いだ。

書物を内容の点からではなく外形から分析分類しようとする学問、いまでは「書誌学」と呼ばれるこの分野は、もちろんブレイズが創始したものではない。ある作品の本文を正しく理解するためには、結局のところそれが記された書物自体の分析も必要不可欠となってくる。例えば、同じ作品のイギリス版とアメリカ版とで表現や綴りが異なっていた場合、一体どちらが真正のテクストなのだろうか。著者のなんらかの意図が反映しているのだろうか。あるいはページ割、印刷の色が版によって違っていた時、物語の理解に変化はないだろうか。ミヒャエル・エンデの『はてしない物語』を考えてみれば、後者のような相違がいかに内容の読み取りに支障をきたすものか、ただちに理解できるはずだ。この作品では、主人公の少年バスチアンの物語と、彼が読んでいる本の中の物語とが、異なる色を用いて印刷されているのである。

こうして、ある作品の本文を確定するための比較校合は――もちろんこの場合は写本に関するものだが――はるか古代より行なわれていた。ルネサンス期にみられるギリシア・ラテン文学のテクスト校訂はその一つの精華である。十五世紀に産声をあげた、比較的「若い」メディアである印刷本も十八世紀までには相応の注意が払われるようになり、作品の著者ではなく印刷者や印刷年代によって分類した書誌なども編まれることとなった。テクストの確立していなかったシェイクスピア作品の校訂でも、現存する印刷本の外形調査が徐々に重要な要素となっていく。このような動きの一例として、一七四九年にはジョウゼフ・エイムズ（一六八〇～一七五九）が、一六〇〇年までに作られた印刷本を調査して『古き活版印刷物』を出版しているが、現物の扉ページに直接あたろうという彼の姿勢は、客観的な学問としての書誌学の萌芽といえる。

このころには、印刷術もまた大きな転換点を迎えつつあった。機械や技術の向上によって、雑誌や新聞、パンフレットの流通部数が伸び、それにともなって読者層の爆発的な増加がみられた。読書や文学といったものが一部の特権階級の専有物でなくなった瞬間である。想像力の優越をとなえ、人間の自然な言葉を称揚したいわゆるロマン派の動きは、こういった顔の見えない「一般読者」の台頭による文学の変質に抵抗しようとする努力の表われと捉えることができる。そして十九世紀のはじめには蒸気印刷機がついに高速大量印刷時代を招来し、この流れはさらに加速する。ジャーナリズムの時代の到来である。

興味深いことに、書物が文化財ではなく消費財となってゆくまさにこの時代、稀覯書を高値で買いあさる「書物狂」がヨーロッパを席巻した。上流階級の人々によって愛書家クラブが次々と設立されたのはこの頃のことだ。上記のエイムズの著作も校訂しているトマス・フログナル・ディブディン（一七七六～一八四七）は正しくこうした狂熱の申し子であるといえよう。彼はみずから書物を研究するかたわら、書物愛という「趣味」を英国の貴人や富裕層のなかに醸成するべく健筆を振るったのだった。だがディブディンの書物研究はその不正確さで悪名が高い。ひとつには彼自身の能力の問題もあるけれども、何よりこの分野がまだ「学問」とみなされなかった時代背景にその原因を求めるべきだろう。

意外に響くかもしれないが、現在われわれが考えるような「文学研究」が英国で学問の体裁を整えたのは、ブレイズが印刷工・書誌学者として活動したヴィクトリア朝時代のことであった。それまで文学は、他業種に従事する人々――主に医者、弁護士、聖職者――が趣味の一環として、あるいは世間一般の名声をえる一手段として、いわば手すさびに研究するものだったのである。書誌学・書物史もまた、この時代に科学的傾向を大いに強めてゆくことになるのだが、その第一歩を印したのがブレイズだった。『書物の敵』のところどころでディブディンが酷評されているのも、したがって当然といえば当然のことだ。ディブディンの趣味人風の書物学に対し、ブレイズの方法論は極めて実証的・包括的・組織的であり、彼の個人的な性向と時代背景の双方をうかがわせてくれる。

ディブディンが大いに煽った書物狂は、一八二六年には不況のため慌しく終焉を迎えた。ブレイズがロンドン南部のクラパムに生を受けたのは、その二年前のことである。クラパムといえば、当時の有力な政治家ウィリアム・ウィルバーフォースを中心とする国教会内の福音主義者集団、いわゆる「クラパム・セクト」の本拠地であった。ブレイズの名「ウィリアム」もさることながら、弟が「ローランド・ヒル・ブレイズ」であるところからすると、おそらくブレイズ家は福音主義に傾倒していたのだろうと思われる。ローランド・ヒルはウィルバーフォースの友人で、十八世紀末から十九世紀初頭にかけて名を馳せた福音主義の巡回説教師の名である。ウィリアムが後年までその信仰を守っていたかは分からない。じっさい十九世紀初頭に福音主義の家庭で育ちながら、ヴィクトリア朝時代にはそこから離れる例も多くみられ、ウィルバーフォースの二人の息子すらそのリストに含まれる。とはいえ多くの場合、こうして福音主義を捨てた人々もその後の人生で敬虔なキリスト教徒でありつづけたことを考えると、会う者の印象に強く残ったブレイズの控えめな物腰や一途な研究姿勢に、規律を重んじた福音主義の影響を見てとるのもあながち無理とはいえまい。

地元のグラマー・スクールを卒業したブレイズは、一八四〇年に父の経営する印刷工房に徒弟として参加するようになった。七年後には徒弟期間が終わり、正式な共同経営者として迎えられることになるが、彼がいつごろから初期印刷本に興味を持って研究するようになったかは定かでない。会社がウィリアム・キャクストンの印行になる本を一八五八年と五九年にリプリントとして出版するにあたって序文を寄せているから、それ以前には調査に手を染めていたのだろう。彼の名を不朽のものとした『ウィリアム・キャクストンの生涯と印刷術』の第一巻が世に出たのは一八六一年。第二巻がその二年後に続いている。この研究での彼の業績を大雑把に二つ挙げるとすれば、まず英国最初の印刷工キャクストンという人物の生涯を明らかにしたこと、そして彼の出版物の綿密な調査から、その出版年代を算定したことである。

キャクストンの生涯を明らかにすると一口に言うが、ブレイズはまず、それまでに書かれたキャクストンの伝記はすべて信ずるに足らないと結論づけるところから始めており、通例われわれが考える作業とは根本的に事情が違っていた。十九世紀までのキャクストン伝は、時代の割には饒舌であった商人キャクストンが自身の出版物の中で述べている経歴と、根拠の薄弱な言い伝えに基づくものであった。しかしブレイズはこうした記述はひとまず脇へ置くことにし、もっと歴史的に確かと思われる情報源、つまり公文書に丹念に目を通して、毛織物商の徒弟からブルゴーニュ宮廷の愛顧を受ける商人、ついにはウェストミンスターの印刷業者となるウィリアム・キャクストンの人生を一から織りあげたのだった。無味乾燥な公文書のわずかな記述から、ひとりの野心的な商人の生涯を再構成する困難をぜひ想像してみていただきたい。

次いでブレイズは、ヨーロッパ各地の図書館・個人蔵書に分散した知りうる限りのキャクストン本を、一片の労も惜しまず直接手にとって調査を行なった。その数およそ五百部というから驚くほかはない。扉ページに記された出版情報を鵜呑みにするという前人の轍を踏むことなく、彼はひたすら「科学的に」、これら書物の外形——紙、活字、印刷状態、製本など——を記録し、分析している。特に活字の形状、そしてその磨耗具合は、印刷された順番を推定するための重要な鍵だ。こうして彼はキャクストンが用いた活字を六種と二変種に分類し、工房でのそれらの使用時期より各巻の出版年代を提示することができたのだった。キャクストンの活字は現在では八種に分類されているが、ブレイズの実証的な研究があってこその結論であることは言うまでもない。

書物の実証的な研究――学問としての書誌学――の基礎を形づくったもう一人の重要人物に、ケンブリッジ大学の図書館員であったヘンリー・ブラッドショーがいる。ケンブリッジ大学キングズ・コレッジに学んだ彼は、二十五歳であった一八五六年に大学図書館の「筆頭助手」なる役職に就いている。ブラッドショーがブレイズと初めて連絡を取ったのは翌年のことらしい。二人のやり取りがもっとも密であったのは一八六〇年から六一年というから、まさしくブレイズのキャクストン研究が実を結ばんとしていた時期のことだ。こんな逸話がある。一八六〇年九月のある晴れた日、自分の本の初稿を持ったブレイズはキングズ・コレッジにブラッドショーを訪れた。早めの正餐の後にコレッジの庭へと場所をうつした二人はワインを一本頼むと、気持ちのよい夕べを校正刷りの読み聞かせと意見交換にあてたという。

あるいはブレイズの要請に応えて大学図書館の蔵書を調べ、あるいはその求めに応じて実地調査に出かけるなど、キャクストン研究にあたってブラッドショーが果たした役割は大きかった。おそらく第一巻の出版には間にあわなかったのだろう、一八六三年の『キャクストン』第二巻には、ブラッドショーに対する謝辞がしかるべく掲載されている。その後、一八六七年から亡くなる八六年までケンブリッジ大学図書館長を務めたブラッドショーは、自身で発表した研究の数こそ多くはなかったものの、学問への情熱を同じくする他の研究者への助力を生涯惜しむことなく、彼が写本・初期印刷本研究に果たした有形無形の貢献ははかり知れないものがあった。その研究は一貫して写本・印刷本の外形的特徴に多大な注意をむけており、一八六〇年代のはじめには、多少の変更を加えられて現在も使用されている書物の折丁構成の記述法を考案してもいる。また彼は初期印刷本の活字の形態ならびに使用のされ方にも注目して、これによって書物を分類できることを実証した。明らかに、ブラッドショーはブレイズの研究姿勢に心から共感できる大学人なのであった。

ブレイズらの最新の実証的研究によって初期印刷本研究は面目を一新した。キャクストンの印刷になる書物の価値があがったのは、その一つの副産物である。そう考えると、キャクストンによる『カンタベリー物語』初版が一九九九年七月に史上最高額の十億八千万円で落札された遠因はブレイズにあるともいえる。こうして高まった関心に応えるように、一八七七年には英国印刷発祥四百周年を記念する「キャクストン祝祭」展示会が開催された。一八五一年に開かれ成功をおさめたロンドンの万国博覧会をはじめ、十九世紀は博覧会の時代である。自国文化の歴史をたたえるべく、ヴィクトリア女王を筆頭として数多くの図書館・団体・個人がおのおの所有する書籍を出品し、ここに計八十一作品百五十一部のキャクストン本と、その他多くの英国初期印刷本が展示されることとなった。現在のヴィクトリア・アンド・アルバート博物館で行なわれたこの大展示会の企画・運営を一手に引き受けたのがブレイズで、みずからも数多くの書籍や関連物品を出品している。

開催年の決定に際しても、ブレイズの学識が動員された。キャクストンが『チェスのゲーム』を印刷した一四七四年が英国印刷発祥の年であると当時の多くの人は考えており、そのため四百年記念祝典は当初一八七四年に予定されていた。しかしブレイズは、その作品は実際にはブルージュで印刷されたものであり、英国初の（本格的な）活版印刷物は一四七七年の『哲学者の金言箴言集』に始まると指摘して、一八七七年こそが祝典にふさわしいと示唆したのである。ちなみにその後の研究によって、英国初の印刷物は一四七六年にキャクストンが（おそらくは印刷所の試運転がてらに）印行した贖宥状であることが明らかとなっており、五百周年記念祝祭は一九七六年に開かれた。

この大仕事のあいだ、そしてそれをやり遂げたのちも、ブレイズは書物に関する研究を続けた。同時に、労働者階級の啓蒙を目的とした図書館協会の設立にブラッドショーらとともに尽力し、それが展示会と同年の一八七七年に果たされると数度にわたる講演をのちに行なっている。本書『書物の敵』は、この時期に執筆された啓蒙的読み物のひとつである。まえがきに述べたように、もともとは『プリンターズ・レジスター』誌の一八七九年八月号、九月号、十月号に掲載されたものをまとめ、一八八〇年にトリュブナー社から出版された。同年には早くも第二版が出ており、以降一八八一年、（出版社をエリオット・ストック社にかえて）一八八八年、一八九六年、一九〇二年と版を重ね、一八八三年には仏語訳までが現れるなど、ブレイズの著作のうちもっとも一般読者に知られた作品だろうと思われる。

書物や知人からの情報のみならず、自身がさまざまな図書館で遭遇した事例に基づいて考察される「書物の敵」論は、まさしく熟練した古書研究者ならではと言わざるをえない。訳註をご覧になれば分かるとおり、記述に誤りも散見されるし、「ガス」などすでに書物の敵の地位から退いてしまった項目もある。しかし過去の逸話は逸話として楽しむことができる上、根底に流れる愛書精神、また文化財保護に対する使命感は、二十一世紀となった現在でも、いや、ひょっとするとむしろ現在だからこそ、読者の共感を呼ばずにはおかない。髙宮利行先生が「書物の敵あれこれ」で述べておられるように、二十世紀、そして二十一世紀の書物の敵を挙げるとしたら何であるか、あれこれ考えてみるのも一興だろう。

晩年のブレイズは健康の衰えなどのため、上述の読み物のほかには大きな研究を完成させることがかなわなかった。徒弟として印刷の世界に足を踏み入れてより五十年の記念すべき年、一八九〇年の四月に彼は世を去ったが、彼やブラッドショーの築いた実証的書誌学は二年後に設立されるロンドン書誌学会、そして次の世紀にはその書誌学会で活躍することになるA・W・ポラード、R・B・マッケロウ、W・W・グレッグらのいわゆる「新書誌学派」によって継承発展させられ、今日の分析書誌学を産みだした。また彼が生涯にわたって蒐集につとめた印刷に関する書物、パンフレット、メダルなどのコレクションはすんでのところで競売による散逸を逃れ、現在はロンドンのセント・ブライド印刷図書館に収蔵されて、印刷に興味を持つ研究者や一般読者の来訪を待っている。

◎日本における『書物の敵』

十九世紀末から二十世紀初頭にかけてヨーロッパで人気を博した本書は、

一九三〇年というかなり早い時期に、書物研究家の庄司浅水氏によって我が国に紹介されている。この年の十一月にブックドム社より刊行された『書物の敵』のはしがきにはこうある。

〔ブレイズの『書物の敵』は〕書物に関心を有し、または書物に携わる人々にとっては相当参考になると思う。だが本書出でてすでに五十年、その間には世も大分移り変っておる。原書通り、そのまま読者諸氏の面前に持ち出すのはどうかと思われる節もいくつかある。で、自ら菲才をも顧みず、同書を基礎とし、これに少しく私見を加え、適宜加除したのが本篇である。

この言葉どおり、ブレイズの数え上げる「書物の敵」目録の合間合間に、氏は自身の見聞きした実例や和漢の故事を挟みこんで、読者の興味をかきたてている。例えば第一章、火の暴威についての章の最後では、氏は第一次大戦で戦火に焼かれたと想像される幾万の書物を嘆いたあと、大正十二(一九一二三）年の関東大震災の災禍についてこのように記している。「同夜、はやくも本郷の帝大を包囲せる猛火は、ついに八十万部の図書を蔵する同大学附属の図書館をもすべて灰燼に帰せしめた。ああ、その報を一度聴き知った時の我等の嘆きはどんなであったろう？　我等は、はるか本郷の彼方に立ちのぼる火焔を打ちながめ、しばしがほどは一言も発し得なかったのである。」まさしくブレイズの書きとどめているコットン蔵書の被災と対をなす事例ではなかろうか。しかも被害はこちらの方が甚大であった。

その一方で、翻訳として見た場合、庄司版『書物の敵』には問題もある。ブレイズの報告するさまざまなエピソードのそこかしこをはしょったり、氏独自の結論を附したりするにとどまらず、全編を通じて著者ブレイズの語りと自身の言葉とを断りなく混ぜ合わせているため、読者としてはそれを物語る主体がわからず、しばしば困惑させられるのである。手元に庄司氏の版をお持ちの方は、拙訳と比較してみるのも面白いかもしれない。そうすることでブレイズ自身の言葉を選りわけられるだけでなく、庄司氏の機知と蘊蓄のありかも明らかになることだろう。庄司浅水著の『書物の敵』は講談社学術文庫に収められているが、残念ながら現在のところ品切れとなっている。

戦後まもなくの一九四九年には、庄司氏とほぼ同世代の英文学者である壽岳文章博士がその著書『書物の歴史』の中に「書物の敵」なる一章を設け、ブレイズの作品を紹介した。まえがきにあるように、この書は一九四八年の二月から九月まで、朝日新聞社の大阪出版研究室にて月一回開かれた談話をまとめたものだ。その性格上、書物の愛好と書誌学についての啓蒙を第一の目的としているために、「書物の敵」の章もブレイズの翻訳というよりは簡便な紹介という体裁をとっている。だが、こうして気張らない素振りで披露される蘊蓄をあなどることは決してできない。例えば、紙魚についての壽岳博士による補足は、ブレイズの読者であれば誰もが興味を持って耳傾けるに違いない。日本に古来生息する種類の紙魚、いわゆるヤマトシミを略述してから――「節足動物・昆蟲綱・総尾目の昆虫で、身体は長く扁平、総長九ミリ内外、胸部最も広く、全体に白色であるが、背中はきらきらと雲母のように光る銀鱗で覆われている」――博士はこう続ける。

ところで、新しい筆の穂先を食い破ったり、好んで和書にトンネルをうがったりする張本人を、このシミだと考える人があれば、私はシミのために、大いに無実の罪を弁じてやらねばならない。『源氏物語』にも、「しみという蟲のすみかになりて」などあるところから、古書の蠹蝕（トショク《（ママ）》）者は、すべてこのもののしわざと見なされがちであるが、それはとんでもない間違いである。下手人は実はほかにあり、シミはもと澱粉質をなめて廻り、そのあとを汚してゆくだけの、まだしも小心な害蟲にすぎぬ。本当の下手人は、シバンムシ科に属する数種の昆蟲の仔蟲であり、ヒョウホンムシ、カバイロヒョウホンムシ、セマルヒョウホンムシ、クシヒゲシバンムシ、トサカシバンムシなど、いろいろある。（中略）博物学的に正確な称呼を示せば、節足動物・昆蟲綱・鞘翅目・多食亜目・異角主科の一科ということになるが、その一々についてのくわしい説明ははぶいておく。ブレイズはシミ以外に本を食う蟲として、シバンムシ亜科に属する *Anobium* と、ワタミガ科に属する *Oecophora*（ネジロマルハキバガ）をあげている。

ブレイズが「今こそ紙魚の生態を書きとどめておかねばならぬ」と使命感に燃えていたことを考えれば、半世紀余りのうちに「紙魚学」がいかに進展したかを思って感慨にふけりたくもなるというものだ。愛書という「生き方」を教えてくれるという点では、ブレイズの著作とならんで興味深い本ではあるが、庄司版と同じく入手困難であるのが悔やまれる。

現在のところ日本で手に入れることができる『書物の敵』は、横浜のタングラム社より覆刻された一八九六年版である。原本を九十五パーセントに縮小して印刷されているこの版は、表紙にブレイズ自身の蔵書票の複製をあしらい、天金に装われた、非常に凝った作りの瀟洒な書物であるばかりか、ブレイズの小伝や作品解題、挿絵解説なども附されて、とても有用なエディションとなっている。惜しむらくは出版部数が少なく、しかも覆刻である、つまり原文のままであるために、決して気軽に親しめる書であるとはいえない。もちろん、ブレイズの原文に接してみたいという向きにはこの上ない助けとなるのは言うまでもないだろう。

こうした先達の紹介により、ブレイズの名と彼の『書物の敵』は日本でも（少なくとも書物愛好家のあいだでは）広く知られるようになった。しかし庄司・壽岳両氏の大きすぎる影響のためだろうか、意外なことに完訳はいまだ現われていない。拙訳を世に問うゆえんである。もちろんこの解題からも明らかなように、両氏の紹介にこの訳も非常に多くを負っている。だがブレイズの没後一世紀以上を経たいま、彼の著作を歴史上の文書として扱う態度もまた必要ではないだろうか。過去の人物との対話は、彼我の歴史的な断絶を意識して初めて可能となるはずのものだからだ。彼の言葉をあたう限り忠実に、出来るだけ親しみやすい形で日本の読者に伝えたい。これが本書の目指すところである。

◎本書の挿絵について

最後に、本書に収録している挿絵について一言のべておこう。当たり前といおうか、印刷人であったブレイズの著書『書物の敵』は彼自身の工房で印刷されている。自著を飾る挿画の印刷にあたって、彼はどうやら多大な関心を払ったようだ。一八八〇年の初版には七枚の図版が掲載されているが、写真製版、エングレーヴィング（銅版）、エッチング、石版など、多彩な技法が用いられている。後掲の表から明らかなように、画家や出典もさまざまだ。ブレイズがこうした図版の印刷法に強いこだわりを持っていたことは、初版の冒頭にある図版一覧で、どういう手法で印刷したのかいちいち解説を加えているところからも見てとれる。

しかし一八八八年の改訂増補新版では不思議なことが起こっている。これだけ手をかけた挿絵が結局は気に入らなかったのか、それとも最新の素材を使いたいという願望の表れなのかは分からないが、この版に使用された八枚の挿画は、リアリスティックな紙魚の図版を除いて、ことごとくが差し替えられているのだ。しかも、うち六枚が同一の画家によるものと推定される。岡部昌幸氏は、挿絵に記された「A・P」と「HARE／C」なる署名から、これらがヴィクトリア朝期の画家アルフレッド・パーキンズにより描かれ、ヘア・アンド・カンパニーというロンドンの木版彫版会社により彫られたものであろうと推測している。

理由はどうあれ、ブレイズはこの二つの版の中で、書物を飾る図版に対する彼なりの考えを示そうとしたに違いない。岡部氏はその特徴を次のようにまとめている。「初版の挿絵には、さまざまな人の手が入っていた。そこにあるのは画家の個性ではなくて、それらの図版を集めた著者ブレイズの蒐集家、書誌学者の顔が見えるだけである。ところが、一八八八年版の図版六枚には、それらを描いた画家の統一された描きぶりが明らかである。ブレイズの意思から離れて挿絵画家によって個性がつくられているのである。」その美術的な価値はさておくとしても、この書の（著者ならぬ）「作者」が、何らかの問題意識をもってそれぞれの版を製作したのは疑いをいれない。例えば、初版に掲載の紙魚の姿など、なんと二ページ分ものサイズの縦長の二つ折り図版として綴じこまれており、本文中のブレイズのこだわりを知っている読者はにやりとすることだろう。ただ本書六八ページにある掃除婦の図が初版と同年の第二版で差しかえられている――しかもこの一点のみ――理由は今もってよく分からない。

一八九六年の新装版でも図版は大きく様変わりし、写真製版によるイラスト風の挿絵やカットが大量に、そして雄弁に、ブレイズの作品を彩っている。だがブレイズ自身が選定した素朴な挿画とは、その趣きを全く異にしているのもまた事実だ。こうした理由から、本書ではブレイズの生前に出版されたエディションからのみ、挿絵を採用している。機会があれば、ぜひ一八九六年版と比較されることをお勧めしたい。

掲載図版一覧

六八ページ　キャクストン版『カンタベリー物語』を暖炉の焚きつけに使う
掃除婦（一八八〇年　初版、第二版）
H・P・アングリーによるエッチング
九〇ページ　紙魚による破壊（一八八〇年）
キャクストン版『聖母伝』より写真製版で採録
九九ページ　紙魚の拡大図（一八八〇年）
R・フック『微細図譜』より石版で採録
九九ページ　紙魚さまざま（一八八八年）
一一八ページ　書物をかじり取るネズミ（一八八八年）
一二二ページ　イエバエによる被害（一八八八年）
一三九ページ　靴職人にして書物破壊者ジョン・バグフォードの肖像（一八八〇年）
H・ハワード画、G・ヴェルチュ刻によるエングレーヴィング
より、特殊な写真銅版で採録
一五〇ページ　書物の床下隠匿（一八八〇年）
H・P・アングリーによるエッチング
一六三ページ　書斎で大暴れする子供たち（一八八八年）

ブレイズの著作

The Gouernayle of Helthe, with The Medecyne of ye Stomacke, Reprinted from Caxton's Edition, (circa MCCCCXCI) with Introductory Remarks and Notes by William Blades (London: Blades, East, & Blades, 1858)

Morale Prouerbes, Composed in French by Cristyne de Pisan, Translated by the Earl Rivers, and Reprinted from the Original Edition of William Caxton, A.D. 1478, with Introductory Remarks by W. Blades (London: Blades, East, & Blades, 1859)

The Life and Typography of William Caxton, England's First Printer, with Evidence of his Typographical Connection with Colard Mansion, the Printer at Bruges, etc. 2 vols (London: Lilly, 1861-63)

A Catalogue of Books Printed by (or Ascribed to the Press of) William Caxton, in Which Is Included the Pressmark of Every Copy Contained in the Library of the British Museum (London: privately printed, 1865)

Ars Moriendi; Printed by William Caxton (London: Blades, 1868)

A List of Medals, Jettons, Tokens, &c. in Connection with Printers and the Art of Printing (London: privately printed, 1869)

How to Tell a Caxton, with Some Hints Where and How the Same Might Be Found

(London: Sotheran, 1870)

A List of Medals Struck by Order of the Corporation of London [. . .] *with an Appendix of Other Medals, Struck Privately or for Sale, Having Reference to the Same Corporate Body or its Members* (London: privately printed, 1870)

Shakspere [*sic*] *and Typography; Being an Attempt to Show Shakspere's Personal Connection with, and Technical Knowledge of, the Art of Printing. Also, Remarks upon Some Common Typographical Errors, with Especial Reference to the Text of Shakspere* (London: Trübner, 1872)

The Biography and Typography of William Caxton, England's First Printer (London: Trübner, 1877)

The Enemies of Books (London: Trübner, 1880)

The Boke of Saint Albans, by Dame Juliana Berners, Containing Treatises on Hawking, Hunting, and Cote Armour: Printed at Saint Albans by the Schoolmaster-Printer in 1486, Reproduced in Facsimile with an Introduction by William Blades (London: Stock, 1881)

Numismata Typographica; or, the Medallic History of Printing: Reprinted from the 'Printers' Register' (London: *Printers' Register* Office, 1883)

An Account of the German Morality-Play, Entitled Depositio Cornuti Typographici

(London: Trübner, 1885)
On the Present Aspect of the Question — Who Was the Inventor of Printing? Being a Paper Read at the Meeting of the Library Association of the United Kingdom, at Birmingham, September 20-23, 1887 (London: privately printed, 1887)
Bibliographical Miscellanies (London: Blades, East, & Blades, 1890)
The Pentateuch of Printing: With a Chapter on Judges: With a Memoir of the Author and List of Works by T. B. Reed (London: Stock, 1891)
Books in Chains and Other Bibliographical Papers (London: Stock, 1892)

参考文献

James Moran, 'William Blades', *Library*, 5th ser., 16 (1961), 251-66
G. Thomas Tanselle, 'A Description of Descriptive Bibliography', *Studies in Bibliography*, 45 (1992), 1-30
Henry Richard Tedder, Entry on William Blades, in *Dictionary of National Biography on CD-ROM* (Oxford: Oxford University Press, 1995)
Henry B. Wheatley, 'Introduction [to Blades's *Books in Chains and Other Bibliographical Papers* (London: Elliot Stock, 1882)]' タングラム版『書物の敵』

一五七〜八六ページ
岡部昌幸「描かれた『書物の敵』――挿絵をめぐって」タングラム版『書物の敵』一九七〜二〇二ページ
壽岳文章『書物の世界』初版一九四九年（東京・出版ニュース社、一九七三年）
『壽岳文章書物論集成』（東京・沖積舎、一九八九年）所収
庄司浅水『書物の敵』初版一九三〇年、講談社学術文庫（東京・講談社、一九九〇年）
髙宮利行「書誌学者ウィリアム・ブレイズと『書物の敵』」タングラム版『書物の敵』一八七〜九四ページ
ウィリアム・ブレイズ『書物の敵』一八九六年版リプリント（横浜・タングラム、一九八九年）
ロッテ・ヘリンガ『キャクストン印刷の謎――イングランドの印刷事始め』髙宮利行訳（東京・雄松堂出版、一九九一年）

書物の敵あれこれ──監修者のあとがき

髙宮利行

ウィリアム・ブレイズの著作『書物の敵』については、庄司浅水（『書物の敵』一九三〇年）や壽岳文章（『書物の世界』一九四九年）といった西洋書誌学の先達によって、以前からかなり詳しく紹介されてきたので、わが国の愛書家の間でもつとに知られている。原書は横浜タングラムが一九八九年に美本として復刻したし、現在ではヴァージニア大学の電子テクストで容易に読むことができる。しかしヴィクトリア朝の独特の英語で書かれ、イギリスの同時代人にしか思い出せない、今となってはマイナーな人物や出来事への言及が多い本書の完訳は、今まで世に出なかった。

ところが髙橋 勇氏は、これをやすやすと完成させてしまった。しかも文才を発揮して読みやすく翻訳した本書を見て、これが弱冠三十歳の青年が日本語にしたとは誰が想像するであろうか。ケンブリッジ大学に留学し、最短の三年間で十九世紀初頭の英文学研究で博士論文を書き上げた髙橋氏に、帰国して教職につくまでの半年間でやってみたら、と薦めた結果がここにある。ブレイズ関係の資料はロンドン市内のセント・ブライド印刷図書館に収められているが、髙橋氏がここを訪れて『書物の敵』の不明の個所を明らかにしようとした努力も大いに評価されよう。

さて、書誌学者ブレイズとその著作『書物の敵』については、上述の大先輩たちが紹介しているし、髙橋氏の解題にもある。かくいうわたしも、タングラム版にはヴィクトリア朝の進化論や楽観主義に裏打ちされたブレイズの言動から、論じたので、ここで屋上屋を重ねることは避けたい。ここではむしろ、読者の多くがするように、自分自身が体験したり先輩たちから見聞した書物の敵を考えてみたい。

今から百二十四年前の一八八〇年に出版され、一八八八年版ではその間に交わした読者との書簡を通じて改訂された、現代風にいうならば双方向性をもつ本書では、著者は書物の十敵として、火、水、ガスと熱気、埃と粗略、無知と偏狭、紙魚、害獣と害虫、製本屋、蒐集家、召使と子供を挙げている。

火の暴威は、失火といわず放火、あるいは弾圧や戦争と、歴史始まって以来書物の最大の敵のひとつだった。最近あまり耳にしなくなったが「焚書坑儒」という言葉がある。秦の始皇帝が紀元前二一三年、民間に所蔵された医薬・卜筮・農業関係以外の書をすべて集めて焼き捨て、翌年数百人の儒学者を坑に埋めて殺戮した事件をいう。しかし、同じ蛮行が二十世紀にナチス政権下や中国の文化大革命でも起こったことは記憶に新しい。今なお戦火が続く東欧やイスラム諸国でも、書物は危機に瀕している場合が多い。

十二世紀末のイベリア半島を舞台にした映画『炎のアンダルシア』(一九九七年)をご存知だろうか。キリスト教国が国土回復《レコンキスタ》を狙う、イスラムの支配するアンダルシアで起こった出来事を扱っている。哲学者アベロエスは、イスラム原理主義者に追われて、家は放火される。地下倉に隠したアリストテレスの翻訳書は無事だったが、弟子たちは迫り来る焚書に備えて全著作の筆写作業に勤しみ、完成させた写本はエジプトとフランスに運ぶのである。こうして、アベロエスの注釈は中世ヨーロッパの哲学に強大な影響を与えたのである。不寛容による焚書の罪をこの映画は訴えていた。

ブレイズが言及しているアレクサンドリアの図書館の焼失やその蔵書規模については、多くの説が提出されてきた。ここから生存した写本は何ひとつ記録されていない。しかし、ブレイズが本書で書物の敵と糾弾する十九世紀の蒐集家サー・トマス・フィリップスは、偽作者として悪名高いコンスタンティン・シモニーデスからホメロスの『イリアス』の写本を購入した。そしてこの極小の巻物こそ、アレクサンドリア図書館長が焼失寸前の図書館からポケットに入れて持ち出したものだと夢想して、自ら編纂した写本目録に詳述した。あまりに極小のため誰も肉眼では読めなかったこの写本は、最新のデジタル技術で判読できるようになった。その結果、現存する他の写本にもない本文を有することが分かり、一部の学者から注目を集めている。因みに二〇〇二年十月、アレクサンドリアには新しい図書館がオープンした。古代アレクサンドリア図書館には万巻の巻物写本が収められていたはずだが、十二年の歳月を要して建設されたモダンな図書館では、書物よりコンピュータの設置に力が注がれた。

ハーバード大学がまだコレッジと名乗っていた一七六四年、強風にあおられて火災が発生、創設者ジョン・ハーバードの蔵書が収められていた図書館も灰燼に帰した。当時は館外貸出しの制度はなかったが、一人の学生が前日無許可で持ち出した本を学長に返しにきた。学長は丁寧に礼をいって本を受け取った後、この学生を規則違反で退学処分にしたという。これは現在もキャンパス・ツアーで紹介されるエピソードである。

火事と喧嘩は江戸の華といわれるが、わが国でも火事で焼失した図書館や蔵書は枚挙にいとまがない。わが恩師の厨川文夫先生は、太平洋戦争の末期に都内で空襲に遭い、すべての蔵書を失った。それにもかかわらず、戦前の読書体験の記憶を頼りに論文をものしたという。長編叙事詩『ベーオウルフ』をすべて暗誦しておられた先生だからこそできた偉業といえよう。わたしが大学院生のころ通った神田の大屋書房の洋書担当者は、「厨川先生には、都内に住んでいたら本が空襲で焼けるのは目に見えているから、早く売りなさい、と言ったんだけれどねえ」と語っていた。

イギリスではめったに起こることがないから、ブレイズは書物の敵に数え上げていないが、地震も怖い。あの関東大震災によって東京帝国大学の総合図書館が壊滅したさい、これを見かねたイギリス政府は寄付金を募って一五〇一年の刊本からケルムスコット・プレス版チョーサー全集に至る貴重書の数々を寄贈してくれた。まだ大英帝国の栄光が残る時代のことだった。

地震が多発するカリフォルニアのサン・マリノにあるハンティントン図書館は、初期英文学の写本や刊本の蔵書では世界有数だが、外壁には地震によるひびが入っている。書庫に入れてもらうと、鉄格子に強化プラスチック板をはめ込んだ耐震構造の床をもつ。しかも少し隙間をとってあるので、横揺れにも対応できるわけだ。書棚には大揺れがあっても本が飛び出さないように、なんとバンジー・ジャンプに用いるゴム・ロープが張られている。阪神・淡路大震災を体験した関西の図書館では、地震という書物の敵にいかなる対処をしているのだろう。

書物に対する水の脅威は、わたしたちにも馴染みがあるだろう。もう十年も前になるが、論文指導を受けている女子学生が夏休みの後、悄然として研究室を訪ねてきた。事情を聞くと、父親と一緒にアムステルダムでタクシーに乗っていたとき、一方通行を無視して逆走してきた対向車を避けようと運転手がハンドルを大きく切ったために、タクシーは運河に転落、ようやく窓ガラスを割って這い出ることができた。しかしバッグの中の図書館から借り出した洋書が水を被ってしまい、乾かしてもこんな惨状ですといって、出してみせたのである。オランダの地方新聞にまで報道された事故に巻き込まれたその洋書は、今も図書館の書棚にあるはずだ。

ブレイズの没後二十二年経過した一九一二年四月十五日未明、大西洋を処女航海中のタイタニック号は氷河と衝突して沈没したが、この客船には豪華本も積まれていて海の藻屑と消えた。ロンドンの製本師サンゴルスキーとサトクリフが丹精こめて豪華に製本した人気作品『オマール・ハイヤームのルバイヤート』で、アメリカの書店が競売で落札、輸送の途中だった。この話には後段がある。その二十年後、装丁デザインを発見したサトクリフの甥が七年後に豪華製本を完成させ、ロンドンの店の金庫に保管していたところ、一九四一年ナチス・ドイツの空襲を受けて燃えてしまった。ブレイズが挙げる書物の敵のひとつ、熱気に負けたのである。しかし、この甥は負けていなかった。一九八五年に引退後五年間かけて同じデザインの装丁を完成させ、大英図書館に収めたのである。

タイタニック号には多くの有名人が乗っていた。わずか二十七歳の書物蒐集家ハリー・エルキンズ・ワイデナーもその一人だった。富裕な実業家だった祖父は、若くして亡くなった孫の蔵書を、母校ハーバード大学に図書館ごと寄贈した。そして孫に譲るつもりだったグーテンベルク聖書も、祖父の死後、ワイデナー図書館に収められたのである。

グーテンベルク聖書といえば、ブレイズがもっとも力を入れて語る紙魚との関連で、面白い体験をしたことがある。一九九九年秋にわたしが主事を務めるHUMIプロジェクトと呼ばれる本務校のデジタル化チームが、ロンドンの大英図書館にあるグーテンベルク聖書二セットの写真撮影をしたことがある。現在そのデジタル画像は大英図書館のウェブサイトで閲覧できるのだが、実はその年の春、わたしがチームの面々と事前調査に出かけたときのことだった。大英図書館にある二セットのうち、展示室のガラス・ケースに入っているのは常に美しく装飾された紙本で、羊皮紙に印刷された本が展示されることはなかった。また長い間閲覧者もいなかったのだろう。貴重書閲覧室でわたしのために運ばれてきたグーテンベルク聖書の羊皮紙本を、ケースから出して一枚ずつめくりながら、保存状態を調べていたときだった。後半部分の下の余白に膨らんでいる個所があるのに気付いた。その小さな山はページを繰っていくと、次第に大きくなってきた。そして、長さ四ミリの紙魚の死骸を発見したのである。

まさか大英図書館で、しかもグーテンベルク聖書の中から紙魚が見つかるなんて、予期してもみなかった事態である。あわてて、他のページもすべて点検し、それが終わって分厚いケースの中も調べると、いるわ、いるわ、合計十四ほどの紙魚がいたのである。幸いなことに、すべて死んでいたし、羊皮紙を食べた痕跡はなかった。慌てて貴重書部長に連絡して、この重大な事態を確認してもらった。彼の困惑の様子といったら、今でも形容しがたい。ケースごと羊皮紙本を持ち去った部長が、ほどなくわたしの席に戻ってきて、

「紙魚を発見してくれて感謝する。ただわたしたちは頭が痛い。ひとつのケースにあれだけ多くの紙魚がいたということは、他の本にもついている可能性があるからだ。きっと大英博物館からここに運ぶ作業の途中で紙魚が取り付いたのだと思う」と暗い顔で説明してくれた。

そのとき、わたしは大事なことに気付いたが、とき既に遅しだった。なぜ部長に報告する前に、あの紙魚の一匹でも紙に包んで東京に持ち帰り、デジタル化して「これが大英図書館に住んでいる紙魚です」とわたしたちのウェブサイトに乗せなかったのか……、これはもちろん冗談であるが。

ブレイズが実際に飼ってみたりして蘊蓄を傾けて語る紙魚については、ノーマン・ヒッキン博士が著した『紙魚——書物の害虫』(一九八五年)が今でも入手できるほど、重要な文献だが、そこには『書物の敵』の挿絵に負けないほどの、紙魚のおどろおどろしい姿が踊っている。

アメリカにも紙魚はいる。またゴキブリも書物の敵である。状況はわが国でも変わらない。わたしの尊敬する先輩の研究者で、自宅でゴキブリに毎日餌をやる御仁がいる。そうしないとゴキブリが書棚にあるアメリカからやってきた本のクロスを嘗め尽くすというのだ。この研究者とブレイズ先生の対談など実現すれば、と思ってしまう。

ブレイズは蒐集家の身勝手の中に、貴重書は蒐集するものの購入して我が家に届いた書物には目もくれないトマス・フィリップス卿などを挙げているが、この批判は少し酷だと思われる。彼の蒐集によって救われた中世写本の断片も多いからだ。わたしなら、書物を身勝手に扱った蒐集家として、同じヴィクトリア朝の著名な美術評論家ジョン・ラスキンを槍玉に挙げたいと思う。なぜなら、環境保護主義の元祖でもあったラスキンは、大きすぎて書棚に入らないからといって、書物の天と地をのこぎりで切り落としていたのだ。

召使の狼藉といえば、わたしの先輩教授は、あるとき家政婦が書斎に並んだ書物にはたきをかけているときに起こったことを話してくださった。革装の古書の場合、著者や署名を色違いの革に印刷して、背表紙に糊付けしてある場合が多いのだが、その一枚がはたきの勢いで糊がはがれて、落ちてしまった。それをただのゴミと勘違いした家政婦が、床から拾い上げて捨ててしまったのだという。教授の留守中の出来事だったから、ことの顛末を知っても後の祭りだった。この話を聞いて、わたしは、留守中に書斎に人を入れるのが悪い、我が家の書斎などこの十年来家族といえども入室はご法度にしているのに、と思った。

十八世紀前半のある寒い日、イングランドとウェールズの国境に近いシュロップシャーのある邸宅を訪れたトマス・パーシーは、客間に通された。彼はそこの書き物机の下に古ぼけた写本が無造作に置かれているのを見つけた。製本からばらされたひどい状態で、最初と最後の部分は既に失われていた。暖炉に火をおこすために女中が使ったことは歴然としていた。何気なくパーシーが手にとってみると、その紙製の細長い写本の中に、ロビン・フッドやアーサー王のバラッド（俗謡）が書かれていた。筆跡は十七世紀中頃のものと思われたが、作品自身は中世後期のものらしかった。

主人に乞うて、この写本を入手して校訂したパーシーは一七六五年に『古英詩拾遺集』を出版した。どの英文学史をひもといても、本書の出版がロマン主義復活を促すきっかけとなったと書いてある。それほど重要な写本も、パーシーが気付かなかったら、暖炉にくべられてしまう運命なのだった。

ブレイズは、子供たちも書物の敵として槍玉に挙げている。ヴィクトリア朝の子供たちが中世写本から美しく装飾された大文字だけを切り抜いて、自分の名前を冠したスクラップ・ブックを作っていたというから恐れ入る。大英図書館にはこうして作られたスクラップ・ブックが五冊もある。その紙の透かし模様から一八二六年と翌年に作られたらしい。富裕な弁護士で書物蒐集家でもあったフィリップ・オーガスタス・ハンロットは、競売で買った決して安くはない大型の中世装飾写本を、長女メイにせがまれてスクラップ・ブック用に与えたらしい。彼女は写本中の一番大きな装飾大文字だけを集めて、「MAI」を表紙に貼った。本来なら「MAY」としたかっただろうが、ラテン語の写本には大文字の「Y」はめったに現れないから致し方ない。

メイは自分の分を作り終えると、写本の残りを弟のフィリップに与えた。フィリップは姉より小さいな装飾文字で「PHILLIP」と綴って、スクラップ・ブックを作り、残りは小さな兄弟や従姉妹たちに分け与えた。なんのことはない、スクラップ・ブックの名前に用いられた大文字の大きさが、ハンロット家の長幼の序というか上下関係を表しているわけだ。大文字だけが切り取られ、残った本文は容赦なく捨てられた。

このうち最も立派な大文字をもつ二冊のスクラップ・ブックは、一八三三年に競売に出され、サー・ウィリアム・タイトが購入した。彼の死後一八七四年に行われた競売の結果、それらは大英博物館の所有になった。

これらの貴重なスクラップ・ブックに着目したのは、シカゴ大学で西洋美術史を専攻するマーガレット・リッカート女史だった。女史は一九三三年から、本文は失われ装飾大文字だけが残るこの写本の再構築の研究に没頭した。これが可能だったのは、写本がラテン語で書かれたミサ典礼書だったからで、本文は他の写本とほぼ同一であった。一種のジグソーパズルをやったと思えばよい。これが、美術史的には十四世紀末にロンドンのカルメル派修道会で転写された超大型の写本であったことは、大文字の裏に残されたラテン語本文や書き込みから判明した。学問研究とはいえ、探偵のような仕事だった。戦争中は大英博物館の貴重本は地方に疎開したために、リッカート女史の研究もほぼ十年間にわたって中断した。

中世イギリスで作られた、本来なら最も豪華に装飾されたミサ典礼書の写本がようやく再構築されて、研究書として日の目を見たのは一九五二年だった。それまでにも次々とこの写本から作られたスクラップ・ブックが発見されて、大英博物館に収蔵されていた。リッカート女史が、シカゴ大学が刊行する『再構築されたカルメル派ミサ典礼書』の最終校正に入っていた一九五一年三月、古書体学者N・R・ケア博士はグラスゴー大学図書館で五冊目のスクラップ・ブックがあるのを確認した。そこには写本を切り刻んだ子供たちの父親ハンロットの筆跡で、「これは競売において七ポンド七シリングで購入した不完全なフォリオ写本から作られた」との書付が見つかった。もし、これが欠葉のない完全本だったら、残酷な子供たちの手には渡らなかったのだろうか。

閑話休題。ブレイズは扱っていないが、書物の敵は図書館内にだっている。書物の顔である標題紙に残酷にも蔵書印を押して平然としている図書館員、個人が蒐集した蔵書に含まれる雑誌を、既に館内に揃っているからという理由で処分してしまう図書館員、配架しやすい冊子体の本は大好きだが、巻物や一枚ものは嫌がる図書館員、そして自分の記憶は使わずコンピュータの検索エンジンに頼るレファレンス担当者……

もうこの辺でやめよう。さて、今日における書物の最大の敵とは何だろう。ひょっとすると「第二の文盲」、これこそ最大の敵かもしれない。地球上に何千万と存在する文盲は国際的な大問題である。しかし、文字が読めても書物を読まない「第二の文盲」の人口は、世界的に増大しているのではないか。コンピュータ・ゲームにはまり、「ケータイ」にはまり、書物を読まない層が書物の最大の敵となるのは、時間の問題かもしれない。その前に何か手を打たなければならない時が来ている。

あとがきのあとがき

前掲のエッセイを編集部に送り、校正刷りが上がってくるのを待っていた昨夜、ロンドンの書物史研究グループから聞きたくもないニュースが飛び込んできた。二〇〇四年九月二日の深夜、ドイツのワイマールにあるアンナ・アマリア公爵図書館（一五六五年建造、ユネスコの世界遺産）から出火、二時間にわたって燃えつづけたというのだ。原因は電気のショートらしい。ミハエル・クノッヘ図書館長によれば、百万部の蔵書の中で、一万三千巻ほどある十六〜十八世紀の貴重書のうち、人海戦術で救出できたのは、その半分以下で、残りは水と煙の犠牲となった。幸いなことに、文豪ゲーテの戯曲やマルティン・ルター旧蔵の一五三四年版聖書は無事だった。ワイマールといえば、ゲーテやシラーも住んでいた文人ゆかりの地でもある。十年ほど前にもイギリス東部ノリッジの市立図書館が半焼し、貴重な蔵書が灰燼に帰したことがあったが、こういったニュースに接すると、火事はやはり書物の最大の敵に分類できることを実感する。

人名索引

監修者

髙宮利行（たかみや としゆき）

1944年、東京生れ。慶應義塾大学文学部教授。

慶應義塾大学とケンブリッジ大学の英文学博士課程修了。

専攻分野は中世英文学、書誌学、デジタル書物学。現在、慶應義塾大学人文科学メディア研究センター（HUMI）所長、ゲスナー賞（書誌学）選考委員、シェフィールド大学名誉文学博士、ロンドン好古家協会フェロー。

著書：『西洋書物学事始め』（青土社）
　　　『図説 本と人の歴史事典』（共著、柏書房）
　　　『グーテンベルクの謎』（岩波書店）
　　　ほか多数。

訳書：『キャクストン印刷の謎』（雄松堂出版）
　　　『西洋書体の歴史』（慶應義塾大学出版会）
　　　ほか多数。

訳　者

髙橋　勇（たかはし いさむ）

1973年、東京生れ。慶應義塾大学文学部助手。

慶應義塾大学大学院を単位取得退学。ケンブリッジ大学にて英文学博士号を取得。

専攻分野は近現代英文学、ファンタジー、中世主義。

著　者
William Blades, 1824-90
原　題
The Enemies of Books

書物の敵（ウィリアム・ブレイズ）

2004年10月25日　初版第1刷発行

監修者　髙宮利行
訳　者　髙橋　勇
発行者　八坂立人
印刷・製本　（株）シナノ

発行所　（株）八坂書房
〒101-0064　東京都千代田区猿楽町1-4-11
TEL.03-3293-7975　FAX.03-3293-7977
郵便振替口座　00150-8-33915

ISBN 4-89694-849-1